经济管理学术文库·经济类

中国就业重构与产业结构变动的协调性及城乡收入差距研究

Study on the Coordination Between Employment Reconstruction and Industrial Structure Change and the Urban-Rural Income Gap in China

朱红恒／著

图书在版编目（CIP）数据

中国就业重构与产业结构变动的协调性及城乡收入差距研究/朱红恒著.—北京：经济管理出版社，2019.12
ISBN 978-7-5096-2276-6

Ⅰ.①中… Ⅱ.①朱… Ⅲ.①劳动就业—关系—产业结构调整—协调发展—研究—中国②劳动就业—关系—产业结构调整—收入差距—研究—中国 Ⅳ.①D669.2 ②F269.24

中国版本图书馆CIP数据核字（2019）第232631号

组稿编辑：杨国强
责任编辑：杨国强　张瑞军
责任印制：黄章平
责任校对：陈　颖

出版发行：经济管理出版社
　　　　　（北京市海淀区北蜂窝8号中雅大厦A座11层　100038）
网　　址：www.E-mp.com.cn
电　　话：（010）51915602
印　　刷：三河市延风印装有限公司
经　　销：新华书店
开　　本：720mm×1000mm/16
印　　张：12.5
字　　数：202千字
版　　次：2019年12月第1版　2019年12月第1次印刷
书　　号：ISBN 978-7-5096-2276-6
定　　价：78.00元

·版权所有　翻印必究·
凡购本社图书，如有印装错误，由本社读者服务部负责调换。
联系地址：北京阜外月坛北小街2号
电话：（010）68022974　　邮编：100836

前　言

自改革开放以来,我国经济实现了高速增长,经济增长方式发生了巨大的变化,但在我国经济增长方式转变过程中,就业重构的进行不但没有带来城乡居民收入差距的缩小,反而逐步扩大。过大的城乡居民收入差距不仅影响我国社会主义市场经济发展的公平目标的实现,也影响经济发展效率目标的实现。本书旨在通过理论分析和数理推演界定就业重构对城乡居民收入差距的影响机制,利用面板数据模型估计和 Granger 因果检验,实证分析就业重构的影响因素,以及就业重构对城乡居民收入差距的影响,最后借鉴日本与韩国经验,结合我国具体实际给出有效提高农村居民收入水平、缩小我国城乡居民收入差距的政策建议。本书的意义在于:一是在理论上界定了经济增长方式转变的动力机制、经济增长方式转变与经济结构变动的联动机制、就业重构对城乡居民收入差距的影响机制;二是通过中日韩三国在经济高速增长时期产业结构变动与就业重构及城乡居民收入差距的比较,分析我国就业结构与产业结构变动的动态特征,以及产业结构变动和就业重构过程中所存在的不协调性的原因及其对城乡居民收入差距的影响;三是将就业重构分解为就业重构方向和就业重构速度,并实证检验财政与金融支持的城乡差异、人力资本状况以及产出状况对就业重构方向和就业重构速度的影响,进而检验就业重构方向和就业重构速度以及私营及个体经济发展对城乡居民收入差距的影响,及其在东部、中部、西部的区域性特征;四是在理论分析、数理推演和实证检验的基础上,借鉴日本和韩国的经验,并结合我国的实际,提出有效提高农村居民收入、缩小城乡居民收入差距，促进经济、社会均衡发展的政策建议。

本书各章的主要内容如下：

第一章，引言。本章主要是对研究背景、研究内容、研究思路、研究方法、研究价值及创新进行介绍。

第二章，文献综述。本章主要是对经济增长方式转变、产业结构变动与就业重构之间的关系、产业结构变动及就业重构与城乡居民收入差距之间的关系等方面的文献进行梳理并评述，为本书后面的内容奠定基础。

第三章，就业重构对城乡收入差距影响的机制分析。本章主要从理论角度分析经济增长方式转变的动力机制、经济增长方式转变与经济结构变动的联动机制、产业结构变动及就业重构对城乡居民收入差距的影响机制，并进行数理分析。

第四章，中日韩高增长时期就业重构与产业结构变动的协调性与城乡收入差距比较。本章主要是通过我国与日本、韩国在经济高速增长过程中产业结构变动、就业结构变动与城乡居民收入差距变动及人力资本状况的对比，分析我国产业结构与就业结构变动的特征，以及人力资本在其中发挥的作用。

第五章，就业重构影响因素的实证分析。本章首先将就业重构区分为就业重构方向和就业重构速度，并从理论上对两者对城乡居民收入差距的影响进行界定。然后利用省际面板数据构建计量模型，通过实证检验，分析财政与金融支持、人力资本状况、产出状况对就业重构方向和就业重构速度的影响。

第六章，就业重构对城乡收入差距影响的实证分析。本章首先从理论角度界定就业重构方向和就业重构速度对我国城乡居民收入差距的影响。然后利用省际面板数据构建计量模型，通过实证检验，分析就业重构方向和就业重构速度对我国城乡居民收入差距的影响，各因素影响力及综合影响力在东部、中部、西部地区的差异。

第七章，私营与个体经济发展对城乡收入差距影响的实证分析。本章首先从理论上对私营与个体经济发展对城乡居民收入差距的影响加以界定，进而利用省际的面板数据构建计量模型，通过实证检验揭示私营及个体经济发展与城乡居民收入差距的经验关系。

第八章，研究结论与政策建议。本章主要是在以前各章分析的基础上，借鉴日本和韩国在经济高速增长时期缩小城乡收入差距的经验，结合我国具体实际，从经济增长方式转变、经济结构调整、人力资本投资、财政与金融支持、制度改革等方面提出有效提高我国农村居民收入、缩小城乡居民收入差距，促进经济、社会均衡发展的政策建议。

本书的主要观点如下：

一是经济增长方式转变与经济结构变动存在联动机制，我国过去主要依靠要素和资源投入以及投资和出口拉动的经济增长方式，决定了我国产业结构变动和就业重构的特征，进而对我国城乡居民收入差距产生重要影响。

二是日本和韩国在经济高速增长过程中，城乡居民收入差距逐步缩小的主要原因在于其就业重构与产业结构变动之间的高协调性。我国在经济高速增长过程中，城乡居民收入差距不断扩大的主要原因在于就业重构与产业结构变动的非协调性。就业重构与产业结构变动是否协调，人力资本状况起决定性作用。

三是对于就业重构的分析，不仅要考虑就业重构方向，还要考虑就业重构速度、财政与金融支持、人力资本水平，第二、第三产业的产出状况对我国就业重构方向和就业重构速度具有显著性影响。财政与金融支持力度的增强，农村居民人力资本水平的提高，第二、第三产业产值比重的增加，有效地提高了我国第二、第三产业的就业比重，从而促进我国农村剩余劳动力的顺利转移；并且金融支持力度的增强，城镇居民和农村居民人力资本水平的提高，第二、第三产业产值比重的增加有效地提高了我国的就业重构速度，导致我国第二、第三产业就业比重的迅速提高。

四是就业重构方向和就业重构速度对城乡居民收入差距均具有显著性

影响。在全国范围内，第二、第三产业就业比重的增加会导致城乡居民收入差距缩小，就业重构速度的提高会扩大城乡居民收入差距。二者的综合作用是农村劳动力转移扩大了我国城乡居民收入差距；分地区看，对于就业重构方向而言，东部地区第二、第三产业就业比重的提高扩大了本地区的城乡居民收入差距；中部地区和西部地区第二、第三产业就业比重的提高缩小了本地区的城乡居民收入差距，并且这种影响在西部地区更为强劲。对于就业重构而言，东部、中部、西部三个地区产业结构的过快变动，都会导致本地区城乡居民收入差距的扩大，并且这种影响在中部地区最为强劲，西部地区次之、东部地区最小。综合就业重构方向和就业重构速度对城乡居民收入差距有两方面影响，其一在东部和中部地区，农村劳动力转移扩大了该地区城乡居民收入差距；其二在西部地区，农村劳动力转移缩小了该地区城乡居民收入差距。

五是私营及个体经济是我国农村转移劳动力的主要就业领域，农村劳动力进入私营及个体经济部门可以显著提高农村居民的收入水平，从而缩小我国城乡居民收入差距。

本书研究使用的数据都为相关部门公布的宏观数据，并且在研究跨度内，统计部门的统计指标及统计口径发生了多次变化，虽然研究过程中根据统计指标和口径的变化进行了调整，但在一定程度上仍会影响实证检验结论的可靠性。在后续研究中将使用微观家庭调查数据或人口普查数据进行更深入的研究。

最后，由于作者水平有限，时间仓促，所以书中错误和不足之处在所难免，恳请广大读者批评指正。

朱红恒

目 录

第一章 引言 ·· 001

    第一节 研究背景 ··· 001

    第二节 研究内容 ··· 004

    第三节 研究思路与研究方法 ·· 006

    第四节 研究价值 ··· 007

    第五节 创新及尚需进一步研究的问题 ···································· 008

第二章 文献综述 ·· 011

    第一节 经济增长方式转变的文献综述 ···································· 011

    第二节 产业结构变动与就业重构关系的文献综述 ···················· 014

    第三节 产业结构变动及就业重构与城乡收入差距关系的
            文献综述 ··· 018

第三章 就业重构对城乡收入差距影响的机制分析 ···················· 025

    第一节 经济增长方式转变的动力机制 ···································· 025

    第二节 经济增长方式转变与经济结构变动的联动机制 ············· 028

    第三节 产业结构变动及就业重构对城乡居民收入差距的
            影响机制 ··· 035

    第四节 就业重构对城乡居民收入差距影响的数理分析 ············· 040

第四章　中日韩高增长时期就业重构与产业结构变动的协调性与城乡收入差距比较 …… 047

  第一节　就业重构与产业结构变动的协调性的相关指标 …… 047

  第二节　我国就业重构与产业结构变动的协调性与城乡收入差距 …… 050

  第三节　日本就业重构与产业结构变动的协调性与城乡收入差距 …… 061

  第四节　韩国就业重构与产业结构变动的协调性与城乡收入差距 …… 071

  第五节　中日韩经济高增长时期城乡收入差距比较 …… 080

  第六节　中日韩经济高增长时期就业重构与产业结构变动协调性比较 …… 081

  第七节　中日韩经济高增长时期人力资本状况比较 …… 090

第五章　就业重构影响因素的实证分析 …… 095

  第一节　就业重构方向与就业重构速度的界定 …… 095

  第二节　影响就业重构因素的理论分析 …… 097

  第三节　就业重构影响因素的实证检验 …… 099

  第四节　结论 …… 109

第六章　就业重构对城乡收入差距影响的实证分析 …… 111

  第一节　农村居民的收入构成 …… 111

  第二节　就业重构方向与就业重构速度对城乡收入差距影响的理论分析 …… 113

  第三节　就业重构对城乡居民收入差距影响的实证检验 …… 115

  第四节　结论 …… 122

第七章 私营及个体经济发展对城乡收入差距影响的实证分析 ……… 125

第一节 私营及个体经济发展的基本情况 …………………… 125
第二节 相关研究现状 ………………………………………… 127
第三节 理论分析 ……………………………………………… 129
第四节 实证检验 ……………………………………………… 130
第五节 结论 …………………………………………………… 140

第八章 研究结论与政策建议 …………………………………… 143

第一节 研究结论 ……………………………………………… 143
第二节 政策建议 ……………………………………………… 146

附 录 …………………………………………………………… 163

参考文献 ………………………………………………………… 177

第一章 引言

第一节 研究背景

改革开放以来,我国的经济增长虽然波动较大,但整体保持了较高的增长速度。在 2012 年后我国 GDP 增长率虽然出现了明显的下降,但 1978~2011 年我国的经济增长保持了年均近 10%的增长率。在我国经济保持高速增长的同时,收入分配不平等问题变得越加突出。根据国家统计局公布的数据,我国全社会居民收入基尼系数由改革开放之初的 1981 年的 0.288 逐年上升到 1994 年超过 0.4 的国际警戒线,达到 0.436,之后又逐年上升,虽然在 20 世纪 90 年代末有所下降,但仍于 2008 年达到 0.491。2009 年之后基尼系数虽然有所下降,但 2016 年仍处于 0.465 的高位。

国内许多学者对我国收入分配不平等因素的分析表明,我国全社会居民收入不平等的原因主要是城乡居民收入差距过大。如万广华(2007)的研究表明,我国城乡居民收入差距贡献了全社会收入分配不平等的 60%左右。李实(2008)认为,我国全社会居民收入分配不平等有 2/3 是由于城乡分割所导致的城乡居民收入差距。因此,在我国收入分配不平等问题当中,最重要的是城乡居民收入差距问题。

国内许多学者对我国城乡居民收入差距的分析主要是使用《中国统计年鉴》或各省统计年鉴上公布的城镇居民人均可支配收入与农村居民人均纯收入的差或比。无论用城乡居民收入之差还是用城乡收入之比表示城乡居民收入差距，我国在经济高速增长过程中城乡居民收入差距在总体上是不断扩大的。以城乡居民收入之比看，由于我国的改革首先是从农村开始的，农村家庭联产承包责任制的实行极大地调动了农村居民的生产积极性。随着农业生产效率的提高，农村居民收入迅速提高，城乡居民收入之比从1978年的2.56∶1下降到1983年的1.82∶1。但20世纪80年代中期之后，由于我国经济改革的重心向城市转移，城镇居民的收入水平迅速提高，其增长速度远高于农村居民，城乡居民收入差距随之迅速扩大。虽然20世纪90年代初期差距有所缩小，但之后又继续扩大到2009年的3.33∶1。自2010年后，虽然城乡居民收入有所缩小，但2016年城乡居民收入差距仍然处于2.72∶1的高位。

虽然城镇居民人均可支配收入与农村居民人均纯收入是诸多学者研究我国城乡收入差距的最常用指标。但需要指出的是，城镇居民人均可支配收入实际上是一个"窄口径"指标，因为城镇居民实际所享有的各种住房、医疗等社会保障、保险及各种补贴没有计入城镇居民可支配收入当中；而农村居民纯收入却是一个"宽口径"指标，因为在农村居民纯收入当中，有40%以上必须用于下一生产周期的再生产投入，所以不能自由支配、用于生活消费。考虑到这些因素之后，城镇居民与农村居民的实际人均收入差距会更大。在世界范围内，城乡居民收入差距超过1.5∶1的国家极少，我国的城乡居民收入差距在世界上是非常罕见的。

在高速增长过程中，我国经济在逐步转型，经济结构在迅速变化，经济增长方式也在迅速转变。

从产业结构的变化来看，从1978年到2016年，第一产业增加值在GDP中的比重虽然从1978年的27.9%上升到1982年的33.0%，但之后一直呈下降趋势，一直下降到2016年的8.6%；第二产业的产值比重由1978

年的47.6%小幅下降到2016年的39.9%；而第三产业的产值比重由1978年的24.5小幅下降到1983年的22.5%，但之后逐步上升到2016年的51.6%。我国的产业结构从改革开放之初的"二一三"结构转变到1985~2012年的"二三一"结构，而自2013年后由于第三产业继续快速增长，第二产业产值迅速下降，我国的产业结构转变为"三二一"结构。

在经济高速增长时期，产业结构的变动会导致劳动在各个产业间就业比重的重新变化，即就业重构。我国在经济高速增长时期，就业重构的主要表现是，随着产业结构的变动，劳动力从农村第一产业流出，向城市第二、第三产业转移，从而使我国的就业结构发生了巨大的改变。根据国家统计局公布的数据，第一产业的就业人数占社会总就业人数的比重迅速从1978年的70.5%下降到2016年的27.7%，下降了42.8个百分点；第二产业的就业比重从1978年的17.3%上升到2016年的28.8%，上升了11.5个百分点；而第三产业的就业比重由1978年的12.2%迅速上升到2016年的43.5%，上升了31.3个百分点。我国的就业结构也从改革开放之初的"一二三"结构转变为目前的"三二一"结构。并且，近几年第二产业的就业比重基本稳定，且与第一产业的就业比重基本相当，但第一产业的就业比重仍呈继续下降趋势，第三产业的就业比重不仅远高于第一、第二产业，且仍呈继续上升趋势。因此，目前第三产业成为我国就业的首要领域。

随着产业结构的变化和就业重构的进行，我国经济的增长方式的转变也在同步进行，由改革开放之初的以第一产业为主体的增长转变为目前的以第二产业和第三产业为主体的增长。

按照经济学的观点，在完善的劳动力市场中，同质劳动力在不同产业间的实际收入差距必将导致劳动力的产业间流动，从而引起社会产业结构与就业结构的变化。而劳动力产业间流动的最终结果是产业间实际收入差距的消失。如果在以第二产业和第三产业为主的城市部门的收入水平高于以第一产业为主的农村部门，就会导致农村劳动力向城市流动。随着农村劳动力数量的减少，在土地等其他要素数量不变的情况下，农村劳动力的边际产出和平均产出即生产效率会提高。由于要素的边际产出决定该要素价格。所以，随着农村劳动力数量的减少、城市劳动力数量的增加，农村劳动力的绝对收入水平和相对收入水平会上升，这将一直持续到农村劳动力的收入水平等于城市劳动力的收入水平，即城乡收入水平相等（Lewis，1954；Ranis and Fei，1961，1964）。而 Lucas 和 Stark（1985）则认为，劳动力的迁移存在"利己"的动机和"利他"的结果。农村剩余劳动力进入城市部门不仅可以提高自己的收入水平，也可以提高仍留在农村劳动力的收入水平，同时，原有城市劳动力也可以通过进入更高收入的部门而使自己的收入增加。因此，只要全社会劳动力具有充分的流动性，即劳动力的流动，农村劳动力向城市部分的转移最终都会缩小城乡收入差距。

但从我国实际情况看，自改革开放以来，我国经济实现了高速增长，在高速增长过程中，经济增长方式发生了巨大的变化，经济转型速度逐步加快，产业结构迅速变化，导致了我国就业结构随之迅速变化。但在我国经济增长方式转变过程中，就业重构的进行不仅没有带来城乡居民收入差距的缩小，城乡居民收入差距反而逐步扩大。过大的城乡居民收入差距不仅影响我国社会主义市场经济发展的公平目标的实现，同时也影响经济发展效率目标的实现。

第二节 研究内容

本书在相关文献研究的基础上，在我国经济增长方式转变过程中，以不断扩大的城乡收入差距为背景，通过理论分析、数理推演、实证检验，以及与日本、韩国在经济高速增长时期的比较，分析我国经济增长方式在转变过程中，产业结构变动和就业重构的特征，就业重构方向与就业重构速度及私营和个体经济发展对城乡居民收入差距的影响，以及这种影响在不同地区表现出来的区域性差异。在此基础上提出提高农村居民收入、缩小城乡收入差距的政策建议。本书主要研究内容如下：

第一章，引言。本章主要是对本书的研究背景、研究内容、研究思路、研究方法、研究价值以及本书的创新之处和尚需进一步研究的问题进行介绍。

第二章，文献综述。本章主要是对与本书研究内容相关的文献进行综述，为本书后面的研究奠定基础。本章主要包括经济增长方式转变、产业结构变动与就业重构之间的关系、产业结构变动及就业重构与城乡居民收入差距之间的关系等方面的文献进行梳理并评述。

第三章，就业重构对城乡收入差距影响的机制分析。本章主要从理论角度分析我国经济增长方式在转变过程中就业重构对城乡居民收入差距的影响机制。具体内容包括经济增长方式转变的动力机制、经济增长方式转变与经济结构变动的联动机制、产业结构变动及就业重构对城乡居民收入差距的影响机制及其数理分析。

第四章，中日韩高增长时期就业重构与产业结构变动的协调性与城乡收入差距比较。本章主要通过我国经济高速增长过程与日本、韩国在经济高速增长过程中产业结构变动、就业结构变动与城乡居民收入差距变动及人力资本状况的对比，分析我国产业结构与就业结构变动的特征，以及产业结构变动和就业重构过程中人力资本状况所存在的问题。

第五章，就业重构影响因素的实证分析。本章首先将就业重构区分为就业重构方向和就业重构速度，并从理论上对两者对城乡居民收入差距的影响进行界定。然后利用我国1995~2014年31个省（区、市）面板数据构建计量模型，通过实证检验，分析财政与金融支持、人力资本状况、产出状况对就业重构方向和就业重构速度的影响。

第六章，就业重构对城乡收入差距影响的实证分析。本章在分析我国农村居民人均纯收入构成的基础上，首先从理论角度界定就业重构方向和就业重构速度对我国城乡居民收入差距的影响。然后利用1995~2014年31

个省（区、市）面板数据构建计量模型，通过实证检验，分析就业重构方向和就业重构速度对我国城乡居民收入差距的影响，以及各因素影响力与综合影响力在东部、中部、西部地区的差异。

第七章，私营与个体经济发展对城乡收入差距影响的实证分析。由于农村劳动力的转移主要是进入私营与个体经济部门。因此，本章首先从理论上对私营与个体经济发展对城乡居民收入差距的影响加以界定，进而利用2003~2014年我国31个省（区、市）的面板数据构建计量模型，通过实证检验揭示私营及个体经济发展与城乡居民收入差距的经验关系。

第八章，研究结论与政策建议。本章主要是在借鉴日本与韩国经验以及前面各章理论分析和实证检验的基础上，结合我国具体实际，提出有效提高农村居民收入、缩小城乡居民收入差距，促进经济、社会均衡发展的政策建议。

第三节 研究思路与研究方法

一、研究思路

本书首先对相关研究文献进行梳理与评述，在理论上对就业重构、对城乡居民收入差距的影响机制进行界定，通过与日本、韩国经济高速增长时期的相关状况进行比较，分析我国经济增长方式转变过程中产业结构变动、就业重构与城乡收入差距的动态特征及其与人力资本状况的关系。然后采用理论分析、数理推演、计量检验等现代经济学分析方法，从实证角度分析金融与财政支持，城乡人力资本差异以及第二、第三产业产出状况对就业重构（包括就业重构方向和就业重构速度）的影响，就业重构（包括就业重构方向和就业重构速度）对城乡收入差距的影响、确定各因素的影响力及综合影响力，以及这些影响力在东部、中部、西部地区的区域性差异，为有效提高农村居民收入水平，缩小城乡收入差距，促进经济、社会均衡发展提供实证依据。最后在借鉴日本与韩国经验以及实证分析的基础上，结合我国具体实际给出有效提高农村居民收入水平、缩小我国城乡居民收入差距的政策建议。

二、研究方法

一是从理论上界定产业结构与就业重构的联动关系，财政与金融支持以及人力资本状况对产业结构与就业重构的影响，就业重构对城乡居民收入的影响。

二是构建理论模型分析农村剩余劳动力转移所引起的就业重构对城乡居民收入差距的影响。

三是利用省际面板数据，构建计量模型，测算金融与财政支持、城乡人力资本状况、第二、第三产业产出状况对就业重构方向和就业重构速度的影响，以及就业重构方向和就业重构速度对城乡居民收入差距的影响，确定各因素影响力及综合影响力在东部、中部、西部地区的区域性差异。

四是在理论分析和实证分析的基础上，借鉴日本和韩国的经验并结合我国实际，提出提高农村居民收入水平，缩小城乡收入差距，促进经济、社会均衡发展的政策建议。

第四节 研究价值

本书研究的学术价值在于：一是研究了经济增长方式转变的动力机制，以及不同的动力机制对经济结构变动的影响，就业重构对城乡居民收入差距的影响机制；二是构建就业重构对城乡居民收入差距影响的理论模型；三是构建就业重构方向和就业重构速度两个指标，从方向和速度两个方面研究就业重构对城乡居民收入差距的影响，为在经济增长方式转变过程中研究就业结构变动对收入分配的影响提供新的分析范式。

本书研究的应用价值在于：一是通过实证检验测算在增长方式转变过程中金融与财政支持、人力资本状况、产出状况对就业重构方向和就业重构速度的影响，就业重构方向和就业重构速度对城乡收入差距的影响，以及这种影响在东部、中部、西部地区的区域性差异，为切实提高我国农村居民收入水平，缩小城乡居民收入差距提供实证依据；二是在理论分析、数理推演与实证检验的基础上，借鉴日本与韩国的经验，并结合我国实际，给出提高我国农村居民收入水平，缩小城乡居民收入差距，促进经济、社会均衡发展的可行建议。

第五节 创新及尚需进一步研究的问题

一、本书研究的创新

一是在理论上界定经济增长方式转变的动力机制、经济增长方式转变与经济结构变动的联动机制、就业重构对城乡居民收入差距的影响机制，并进行数理分析。

二是通过中日韩三国在经济高速增长时期产业结构变动与就业重构及城乡居民收入差距的比较，分析我国就业结构与产业结构变动的动态特征，以及在产业结构变动和就业重构过程中存在的不协调性的原因及其对城乡居民收入差距的影响。

三是克服了现有文献的不足，将就业重构区分为就业重构方向和就业重构速度两个指标，并从我国实际出发实证检验了财政与金融支持的城乡差异、人力资本状况以及产出状况对就业重构方向和就业重构速度的影响；进而检验就业重构方向和就业重构速度对城乡居民收入差距的影响，以及在东部、中部、西部的区域性特征。

四是在理论分析、数理推演和实证检验的基础上，借鉴日本和韩国的经验，并结合我国的实际，提出有效提高农村居民收入、缩小城乡居民收入差距，促进经济、社会均衡发展的政策建议。

二、尚需进一步研究的问题

一是本书研究使用的数据均为相关部门公布的宏观数据，并且在研究跨度内统计指标及统计口径发生了多次变化，虽然在研究过程中根据统计指标和口径的变化进行了调整，但在一定程度上仍会影响实证检验结论的可靠性。在后续研究中将使用人口普查数据或通过实地调查，获得微观家庭调查数据对本书进行更深入的研究。

二是本书在实证检验部分由于数据的可得性问题，仅检验了财政与金融支持对城乡居民收入差距的影响，但更好的选择应该是检验财政与金融支持的城乡差异、财政与金融支持的转化效率的城乡差异对城乡居民收入差距的影响，以及可能存在的门槛效应问题。这也是尚需深入研究的问题。

第二章
文献综述

第一节 经济增长方式转变的文献综述

在经济增长理论当中，具有代表性的主要是新古典经济增长理论和新经济增长理论。Solow（1956）的新古典经济增长理论认为，人均资本水平的提高只有水平效应没有增长效应，资本积累只能提高人均产出水平，并不影响稳态下的人均产出增长率，而稳态下的人均产出增长率取决于技术进步率。Romer（1990）和 Lucas（1988）的新经济增长理论将经济增长建立在内生技术进步的基础之上，认为技术进步是经济增长的核心。新制度经济学派认为，降低交易成本的制度设计以及创新水平的提高对经济增长起决定性作用（Davis and North，1970）。Helpman（2004）和 Foster（2006）认为，在利益动机和竞争压力的双重驱动下，技术与制度等无形要素被累积性地创造出来，并改变其他生产要素数量与质量以及各种生产要素的配置方式，从而使经济增长向更高级的阶段转变。

国内学者根据经济增长理论对我国经济增长方式转变问题进行了较深入的研究。卫兴华（2007）认为，经济增长方式包括增长机制和路径两个方面。从增长机制角度，经济增长方式分为粗放型增长和集约型增长；从增长路径角度，经济增长方式分为外延型增长和内涵型增长。粗放型增长和外延型增长方式主要是简单依靠生产要素投入规模、数量的增加，忽视增长的质量、效益与效率，呈现低效率增长的特征。而集约型增长和内涵型增长方式则主要是依靠技术进步、提高要素质量、节约要素投入，呈现高质量、高效益、高效率的增长特征。薛白（2009）认为，经济增长方式转变的本质是要素配置结构的变革，具有阶段性和规律性特征。通常在经济发展之初，自然资源和简单劳动的投入对经济增长起决定性作用，此时表现为粗放型或外延型经济增长；而在经济发展的中后期，由于资源与环境约束的加强，技术和制度等无形生产要素成为经济增长的主要推动力，此时表现为集约型增长或内涵型经济增长。

对我国经济增长方式转变的研究主要包括以下两个方面：

一是对我国经济增长方式转变的必要性方面的研究。这方面的研究主要是通过以往增长方式的弊端以及给我国所造成的负面影响，论证以往增长方式的不可持续性。从投入角度看，几乎所有的学者都认为，由于我国长期以来所采取的主要是依靠劳动和资本投入规模的扩大来实现经济总量增长的粗放型和外延型增长方式，并且相对于劳动投入，我国经济增长对资本投入的依赖程度更高。企业部门尤其是国有企业部门更注重资本投入数量，是固定资产投资的增加，而忽视投入质量和投入效益的提高。赵云旗（2007）认为，这种粗放式经济增长方式的必然结果是盲目投资、低水平重复建设、高投入、高消耗、低效率、高排放、高污染以及产能过剩。在这种增长方式下，由于固定资产投资主要集中于第二产业，因此，在这种增长方式下的产业结构中，第二产业居于重要地位。但这种增长方式造成了需求相对不足、产能过剩，相关产品价格下降，企业经营状况恶化，社会就业压力上升。同时，这种增长方式需要消耗大量资源，造成资源过度开采、生态环境迅速恶化等问题。资源与环境约束的加强，加剧了这种增长方式的不可持续性。林民书等（2009）认为，以人为压低劳动和资源价格为前提的依靠投资拉动的增长方式无法实现我国经济的持续增长。从需求角度看，我国过去主要依靠投资尤其是政府投资和出口拉动的增长方式。这种方式下的经济增长必然通过压低劳动价格、牺牲收入与消费来实现。因此，这种增长方式通常造成国内生产部门的产能过剩，同时国际贸易摩擦增加，国家经济安全受到影响（莫山农，2010；顾元媛等，2014）。

二是如何实现我国经济增长方式转变方面的研究。由于经济增长的动力来自供给和需求两个方面，并涉及经济结构问题，所以诸多学者以实证分析为基础，分别从三个方面提出相应的转变方式。

单纯从供给或生产方面进行研究的有：唐未兵等（2014）利用我国1996~2011年28个省份的面板数据，运用动态面板广义矩进行的估计发现，自我技术创新与经济增长的集约化水平负相关，而技术引进（包括外资技术溢出和模仿效应）有利于经济增长集约化水平的提高。王江（2015）运用面板数据模型的实证分析表明，我国经济增长方式转变的重要驱动力是科技创新，科技创新与经济增长方式转变存在长期均衡关系。魏巍等（2016）利用我国29个省份1993~2011年的省际面板数据的实证检验结果表明，资源越匮乏的地区技术进步速度越快，人力资本水平越高。所以，资源的约束迫使经济增长方式由依靠简单劳动和自然资源的粗放型方式向依靠技术进步和人力资本的集约型增长方式转变。

从供给和需求角度进行研究的有：莫山农（2010）认为，我国经济增长方式的转变从投入产出角度由过去的以资本投入为主向技术投入为主转变，由高投入、高消耗、高污染，低产出、低质量、低效益向低投入、低消耗、低污染，高产出、高质量、高效益转变；从拉动方式角度由过去的以投资拉动为主导向消费拉动为主导转变。顾元媛等（2014）认为，近年来我国潜在增长率下降的根本原因是投入结构和需求结构问题。在供给角度，原先依靠廉价劳动力的经济模式不可持续；在需求角度，"三驾马车"日益疲软，只有通过技术创新和制度创新，从根本上转变粗放的增长方式，才能实现经济向健康、稳定、持续的方向发展。

侧重从经济结构方面进行研究的有：沈坤荣等（2011）认为，产业结构不平衡、总需求结构失衡、居民收入差距不断扩大、人力资本发展滞后等问题对我国经济的持续增长构成了很强的制约。彭宜钟等（2014）采用改进的平滑转移回归（STR）模型对我国经济增长序列的拟合结果发现，结构调整和要素重置显著提升了我国增长方式转变过程中的要素配置效率。于晗（2015）认为经济结构调整与演进升级是推动经济增长与经济发展方式转变的基础。李翔等（2017）利用2005~2014年30个省份的面板数据，运用中介效应模型和空间计量模型的实证研究结果表明，产业结构优化是创新和经济增长方式转变的中间传导环节，并且产业结构合理化对经济增长方式转变的贡献更大。豆建民等（2018）利用1998~2015年的省际面板数据的回归结果表明，我国经济结构不合理、要素市场的扭曲、要素配置效率低下对经济增长方式转变起很强的抑制作用。

王君（2013）和顾元媛等（2014）的研究也关注了信息化的发展对我国经济增长方式转变所产生的影响。他们的研究结果表明，在信息化阶段，信息与知识成为重要的生产要素，信息化的发展有利于全要素生产率的迅速提高；信息化促进劳动者素质的提高，使人力资源配置得以优化；信息化促生诸多新兴产业，使产业结构调整速度加快；信息化加速了对传统产业的改造。因此，信息化进程的加快促进了我国经济增长方式的转变。

第二节 产业结构变动与就业重构关系的文献综述

根据研究内容，本书所讨论的经济结构主要是产业结构和就业结构。在劳动力流动不被完全限制的情况下，产业间收入的差异会导致劳动力从低收入产业流向高收入产业。英国经济学家威廉·配第在对不同部门进行研究的基础上，认为制造业相比农业能够获得更高的收入，商业相比制造业能够获得更高的收入，这种产业间相对收入的差异必然造成劳动力向能够获得更高收入的产业转移，即"配第定理"。1940年，英国经济学家科林·克拉克在威廉·配第研究的基础上，将全社会经济活动划分为三大产业，即以农业为主的第一产业，以工业、制造业为主的第二产业和以商业、服务业为主的第三产业，并根据诸多国家随历史年代的变化，劳动力在各产业之间流动的统计资料得出：随着经济的发展，社会劳动力先由第一产业流向第二产业，当人均收入水平进一步提高时，劳动力再从第一产业和第二产业流向第三产业，形成第一产业劳动力逐步减少，第二、第三产业劳动力逐步增加的格局，即"克拉克定理"。由于"克拉克定理"的内容包含"配第定理"的内容，所以，学者将这两个定理合称为"配第—克拉克定理"，即产业间相对收入的差异，会导致劳动力从低收入产业流向高收入产业。随着经济的发展和收入的提高，劳动力首先由第一产业流向第二产业，当经济发展水平和收入水平进一步提高时，劳动力再流向第三产业。劳动力流动的结果是，第一产业产值在GDP中的比重以及第一产业吸纳的就业人数占全社会总就业人数的比重逐步下降，第二产业和第三产业的产值比重以及就业比重逐步上升。

"配第—克拉克定理"的形成机制主要涉及以下几个方面：①恩格尔定律，即人们对食物支出占总支出的比重随着收入水平的提高而下降。恩格尔定律必然导致随着经济的发展和人们收入水平的提高，第一产业的产值比重及就业比重逐步下降，第二产业和第三产业的产值比重和就业比重逐步上升。②需求收入弹性，即人们对不同商品的需求量对收入变动的反应程度。由于人们对不同产业商品的需求收入弹性存在差异，对以农产品为主的第一产业的商品的需求收入弹性较低，且随收入水平的提高呈下降趋势；而对第二、第三产业的商品的需求收入弹性较高，且随收入水平的提高呈上升趋势。这同样导致随着经济的发展和人们收入水平的提高，第一产业的产值比重及就业比重逐步下降，第二产业和第三产业的产值比重和就业比重逐步上升。③技术进步与投资报酬。由于不同产业的技术进步的难易程度及技术进步的速度存在差异,进而决定不同产业的投资报酬状况存在差异。以农业为主的第一产业生产周期较长,技术进步比以工业为主的第二产业困难,技术进步的速度较慢。所以,对第一产业的投资报酬出现递减的情况更为明显。而第二产业的技术进步较为容易,技术进步的速度也较快,从而对第二产业的投资报酬出现递减的情况较慢,甚至在某一阶段会出现报酬递增的情况。因此,随着第二产业投资的增加、产出的提高,单位成本下降的潜力较大,这会进一步推动第二产业的更大发展,其产值比重和就业比重上升。

"配第—克拉克定理"不仅可以从一个国家不同发展阶段的时间序列分析中得到验证,还可以在同一时点上从处于不同发展阶段的不同国家的横截面分析中得到验证。即经济发展水平及人均收入较低的国家,第一产业的产值比重和就业比重通常相对较高,第二、第三产业的产值比重和就业比重通常相对较低;而经济发展水平及人均收入较高的国家,第一产业的产值比重和就业比重通常相对较低,第二、第三产业的产值比重和就业比重通常相对较高。埃·索维尔在其1966年出版的《一般人口理论》中,从人口迁移角度分析了劳动力在产业间的流动。他指出,劳动力依次从第一产业流向第二产业,再从第二产业流向第三产业是一个逐步深化的过程。这一过程的劳动力首先与自然界脱离,再与原材料脱离,然后在第三产业内部脱离一部分人而转向为另一部分人提供服务。富拉斯蒂埃(1996)则从技术进步的角度分析了产业结构和就业结构的变化。他认为,技术进步一方面提高了生产能力,另一方面改变了生产结构。由于技术进步提高了劳动生产率,较少的劳动力能够生产出全国人口所需的食物,农业人口的比例会随着技术的进步而逐年下降,第二、第三产业的就业人口逐年上升。Kuznets(1971,1973)通过对劳动投入、资本投入与经济增长的关系的统计分析表明,经济结构的转变必然带动就业结构的转变。Chenery(1960,1975)通过构建世界经济发展模型,利用各国大量统计数据对工业化问题的研究表明,工业化、城市化与劳动力流动是相互影响的互动过程。Fabio（2002）通过建立结构变化与产业增长的演变模型的研究同样表明，产业结构变动与就业结构变动两者之间相互决定。

而国内文献对产业结构与就业结构相互关系进行的研究主要集中在以下两个方面：

一是在理论上界定产业结构与就业结构之间的相互影响，并对我国产业结构与就业结构的基本状况进行判断。赵杨等（2010）研究表明，不同行业具有不同的就业产出弹性，一些行业产出的增加可以直接创造大量的就业机会，从而具有很强的就业吸纳能力；而另一些行业虽然为本行业直接创造的就业机会不多，但由它会直接或间接消耗其他行业的产品，从而导致其他行业就业人数的增加。因此，产业（行业）产值结构与就业结构存在密切的关联性。张美玲等（2015）和于晗（2015）认为，产业结构与就业结构在互动中相互影响、相互制约、相互提升，存在内生的互动关系。按照经济发展的一般规律，产业结构决定就业结构，而就业结构的变化又会影响产业结构的优化与升级。刘晋祎（2013）认为，在我国增长过程中，产业结构与就业结构呈现不协调性，进而从经济学和人口学角度提出二者的协调措施。徐顽强等（2016）和景建军（2016）研究表明，我国产业结构与就业结构的演进虽然符合经济发展的一般规律，但就业结构的转变明显滞后于产业结构的转变，二者的协同推进在第三产业最好，第二产业次之，第一产业最差。

二是运用数学与统计学方法设计具体的指标研究产业结构与就业结构的协调性，并对我国二者的协调性进行判断。刘丹等（2012）引入结构偏差系数、劳动生产率系数和就业弹性等指标，对我国产业结构和就业结构的不协调程度进行测算，并提出"保增长、优结构、促流动"的政策建议。于晗（2015）利用灰色预测模型对我国就业结构与产业结构的协调性进行研究，并对就业结构与产业结构协调性的变动趋势进行了预测。胡玉琴等（2017）认为，就业结构与就业结构之间的协调发展是实现产业结构优化和劳动力充分就业的前提，并根据成分数据分析理论对现有测试产业结构与就业结构协调关系的指标进行改进。单良等（2018）运用"协调系数"和"标准差椭圆"模型的研究表明，我国1998~2015年在时间序列上产业结构与就业结构的协调性在增加。但在空间上，二者的协调性存在明显差异，东部最好，中部次之，西部最差。

第三节 产业结构变动及就业重构与城乡收入差距关系的文献综述

就业结构与产业结构之间的关联性要求二者相互协调。从理论上讲，当各产业的产值占国民经济总产值的比重与其所吸纳的就业人数占总就业人数的比重不一致时，意味着各产业的劳动生产效率存在差异，而劳动生产效率是决定劳动力收入的最重要因素。因此，当就业结构与产业结构不协调时，会导致产业间劳动收入的不同，进而引起劳动力的产业间流动，从而导致就业结构的重新调整，即就业重构。就业重构的结果应该是产业间劳动生产效率及劳动收入的趋同。但在现在的经济中，由于各种因素的制约，就业结构与产业重构的不协调，要么不发生相应的就业重构，要么即使发生就业重构，产业间收入不能趋同，甚至差距会扩大。由于农村部门主要以第一产业为主，城市部门主要以第二、第三产业为主，因此，产业间收入差距在实际中主要表现为城乡居民收入差距。

对于我国而言，在经济高速增长以及经济增长方式逐步转变的过程中，伴随着产业结构的迅速变化。尤其是农村第一产业劳动力向城镇第二、第三产业的非农产业转移的规模越来越大，导致我国就业结构迅速变化。但是，我国农村劳动力向城镇第二产业和第三产业的大规模转移所引起的就业重构带来城乡居民收入差距的缩小，与我国就业结构迅速变化相伴随的是城乡居民收入差距的不断扩大。我国农村劳动力向城镇第二、第三产业的转移所引起的就业重构对我国城乡居民收入差距的影响究竟如何，不同学者的研究结论存在非常大的分歧。有些学者认为，我国的产业结构变动与就业重构有助于缩小城乡居民收入差距；有些学者认为，我国产业结构的变动和就业重构不仅不能缩小城乡居民收入差距，反而会扩大城乡居民收入差距；有些学者认为，我国的产业结构变动与就业重构对城乡居民收入差距的影响不显著。

认为产业结构调整和就业重构能够缩小我国城乡居民收入差距的文献包括：都阳和朴之水（2003）基于中国西部地区农村家庭的调查资料，认为贫困家庭劳动力的迁移与非农就业对提高其家庭的收入水平有显著的正向影响，而且人力资本水平的提高有助于农村劳动力向其他部门迁移，从而缩小城乡收入差距。李实（1997，1999）的研究表明，农村劳动力向非农产业转移可以直接或间接提高农村居民收入，从而缩小城乡收入差距。姚枝仲和周素芳（2003）的研究表明，劳动力流动不仅可以缩小地区间要素收入差距，还可以缩小地区间人均收入差距。彭定赟等（2009）运用路径分析方法分析了劳动力流动对城乡居民收入差距的直接效应与间接效应，研究结果表明，农村劳动力转移和城乡居民收入差距之间相互影响，农村劳动力向非农产业的转移可以有效缩小城乡收入差距。王莹（2015）基于CGE模型的分析，农村劳动力在产业间及地区间的流动能显著缩小我国城乡居民收入差距。朱文涛等（2016）利用1978~2013年我国时间序列数据，建立VAR模型的研究表明，农村劳动力向第二、第三产业的转移能够有效缩小城乡居民收入差距。刘莉君（2016）利用2005~2013年我国27个省份的面板数据的实证检验表明，受教育程度是影响农村劳动力能否顺利转移的重要因素，并且农村劳动力转移对城乡居民收入差距的缩小具有显著的影响。杨建军等（2016）利用对广东、浙江、安徽、四川4省68个地级市的面板数据的实证检验表明，劳动力流动率越高，城乡居民收入差距越小。李烨等（2017）基于1978~2015年的时间序列数据，利用VAR模型的研究表明，我国产业结构的优化以及劳动力转移能够缩小城乡居民收入差距,并且从长期来看,这种作用更加突出。龚新蜀等(2017)利用2000~2014年我国30个省份的面板数据,运用面板门槛模型的实证研究表明,产业结构升级、农村劳动力转移可以有效缩小我国城乡收入差距,但这种影响存在明显的区域空间差异,其中人力资本起重要的调节作用。

但同样有诸多学者认为,由于各种实际因素的制约,在我国经济结构变动过程当中,农村劳动力的非农转移不仅不能缩小我国城乡收入差距,反而会扩大城乡收入差距。有代表性的文献包括:林毅夫(2003,2004)研究表明,劳动力流动虽然是缩小我国地区间居民收入差距与城乡居民间收入差距的可能机制,但现实中由于户籍制度的制约、沿海省份发展速度过快、内陆省份发展速度过慢,劳动力流动规模较小等各种因素的存在,导致我国的劳动力流动不能缩小居民收入差距。蔡昉(2005,2009)认为,由于我国的工业化进程存在较强的就业排斥倾向,虽然劳动力流动规模在日益扩大,但在流动过程中,有很大一部分的劳动力并不能实现有效就业,从而导致城乡居民收入分配的分化。樊纲、王小鲁(2005)认为,虽然城乡收入差距本应随农民工的地区间流动而缩小,但诸多的政府政策限制了这一作用的发挥。张庆等(2006)认为,仅依靠农村剩余劳动力转移不能缩小城乡收入差距。曾国安(2007)指出,在中国工业化进程中,由于部门间劳动相对生产率、劳动力相对素质的变化,以及就业机会的结构性变化,使我国城乡居民收入趋向分化。靳卫东(2010)研究表明,人力资本状况是影响产业结构及就业结构变动的基础性因素,我国过低的人力资本水平使劳动力在产业之间的自由流动受到限制,由此产生的结构性失业有碍于经济增长、扩大了收入差距。蒲艳萍和吴杰(2012)利用1992~2009年的省际面板数据,从就业重构方向和速度两个角度进行实证检验,结果表明,由于人力资本水平差异和城乡劳动力市场分割的影响,农村劳动力转移所引发的就业重构对城乡居民收入差距的缩小作用低于扩大作用,综合结果是城乡居民收入差距的扩大。陈娟等(2014)认为,产业结构与收入分配之间存在紧密联系,通过提高劳动力素质和改善生产条件，进行产业结构调整，才能缩小居民收入分配差距。李政（2016）基于2007~2013年省级面板数据的空间杜宾模型的实证分析表明，我国产业结构的升级和创新投入强度的提高显著扩大了城乡居民收入差距。

丁元等（2014）通过构建面板数据模型和分析微量自回归模型，检验了我国就业的产业结构与就业结构变化与居民收入变动的相互影响。结果表明，我国产业结构与就业结构变化对城乡收入居民收入差距的影响不明确，但从各产业比较看，第二产业就业比重的增加可以缩小居民收入差距，而第一产业和第三产业就业比重的增加会扩大居民收入差距。

有一部分学者认为，产业结构变动及就业重构对我国城乡居民收入差距的影响在不同时期表现出不同的特征。如郑万吉（2015）基于半参数空间面板VAR模型的研究表明，产业结构升级在短期内会扩大城乡居民收入差距，但长期则会缩小城乡居民收入差距。王亚飞（2014，2015）利用VAR模型、脉冲响应函数和方差分解等方法的实证检验表明，产业结构变动是我国城乡居民收入扩大的主要原因，但随着产业结构的不断变化，对城乡居民收入差距扩大的影响会由正转负。徐春华等（2015）、穆怀中（2016）和彭定赟等（2017）实证分析表明，我国产业结构调整与城乡居民收入差距呈现"倒U型"特征。

另有一部分学者将产业结构的变动划分为产业结构合理化与高级化，认为二者对城乡居民收入差距会造成不同的影响。如程莉（2014）利用1985~2011年我国29个省份的面板数据的实证检验表明，我国产业结构的合理化有助于缩小城乡居民收入差距，而产业结构的高级化则显著扩大了城乡居民收入差距。同时，城镇化水平的提高有助于缩小城乡居民收入差距，而人力资本存量和政府财政支出则扩大了城乡居民收入差距。刘慧等（2017）通过构建理论模型并利用1994~2013年我国30个省份的面板数据的实证检验同样表明，我国产业结构的合理化有助于缩小城乡居民收入差距，而产业结构的高级化则显著扩大了城乡居民收入差距，但我国各区域问题存在差异。同时，农村劳动力的非农化转移能缩小城乡收入差距且具有门槛效应。

上述文献都是从全国范围内研究产业结构调整、就业重构对城乡居民收入差距的影响,还有一部分学者在某一省份范围内进行研究。如朱云章(2010)基于山东省统计数据的实证检验结果显示,农村劳动力向第二、第三产业转移最终能否缩小城乡居民收入差距,关键因素在于农村劳动力从第二、第三产业所能获得的工资水平的高低。李亮(2014)从产业结构和二元经济结构变迁的角度,利用湖北省时间序列数据的实证检验显示,二元经济结构的弱化、产业结构的合理化能够缩小城乡居民收入差距,但产业结构的高级化则会扩大城乡居民收入差距。卢冲等(2014)在对三次产业进一步细分的基础上,采用系统广义矩方法,利用成都市的面板数据,构建面板协整模型的研究发现,第一产业的发展在整体上有助于城乡收入差距的缩小,但第一产业中的渔业和林业的发展则阻碍了城乡居民收入差距的缩小;第二产业的发展尤其是建筑业的发展阻碍了城乡居民收入差距的缩小;而第三产业的发展有助于城乡居民收入差距的缩小。王云芳(2015)利用2002~2011年陕西省市级数据,运用面板回归方法的实证分析发现,产业结构升级与产业结构优化都使得城市化进程缩小了城乡居民收入差距。申俊玲(2014)基于河南省1978~2012年的时间序列数据,运用VEC模型的计量分析表明,产业结构调整与城市化是河南城乡居民收入差距扩大的主要原因。张志新等(2018)基于山东省17个地级市的面板数据,运用动态面板模型的实证检验结果表明,农村劳动力转移显著地缩小了城乡居民收入差距。

虽然上述不同学者的研究结论存在非常大的分歧,但他们的共同之处是,都主要从农村劳动力转移的规模或某一产业就业比重的变化来研究农村劳动力转移对城乡居民收入差距的影响。他们的共同缺陷在于,对于劳动力流动的分析,不仅关注流动规模的大小,还关注流动速度的快慢。因为不同的流动速度伴随的是不同程度的结构性失业,从而对劳动力收入水平构成影响。因此,为弥补这一不足,本书在后面的内容中,将就业重构区分为就业重构方向和就业重构速度，分析就业重构方向和就业重构速度所受的影响因素，以及就业重构方向和就业重构速度对城乡居民收入差距的影响，并在此基础上提出相关政策建议。

第三章
就业重构对城乡收入差距影响的机制分析

第一节 经济增长方式转变的动力机制

经济的持续稳定、均衡增长是一个国家宏观经济政策的重要目标,其主要衡量指标是GDP。而经济本身包括需求与供给两个方面。从需求角度看,GDP=C+I+G+NX,即通过支出法核算的GDP等于消费支出、投资支出、政府购买性支出与净出口之和。按凯恩斯主义的国民收入决定理论,需求决定供给、支出决定产出。因此,一个国家的经济增长取决于家庭部门的消费需求、企业部门的投资需求、政府需求与外贸部门的需求。由于政府购买性支出通常由一个国家的宏观经济政策目标所决定。因此,拉动经济增长的动力主要是消费需求、投资需求和净出口这所谓的"三驾马车"。对于小国经济而言,由于其在全球市场中所占的市场份额较小,其出口和进口不会对全球市场造成较大影响。所以,净出口可以作为小国经济增长的主要动力。但对于大国经济而言,过度依赖出口不仅影响本国经济的安全性,同时由于其在全球市场中所占的市场份额较大,其出口和进口会对国际市场造成巨大的影响,从而引起贸易摩擦,遭到他国的报复。

所以，大国经济增长的主要动力是消费需求与投资需求。相应的增长方式为消费拉动型经济增长方式和投资拉动型经济增长方式。

从供给角度看，对一国经济增长分析的基础是宏观生产函数，其简化形式为：$Y = A \cdot F(N, K)$。即一国的总产出水平取决于劳动（N）和资本（K）等生产要素的投入数量，及其生产效率，即技术水平（A）。因此，一个国家总产出水平的提高，即经济增长的动力主要来自两个方面：一是生产要素投入数量的增加，二是技术进步或要素质量上升或生产效率提高。对应的经济增长方式分为粗放型或外延型经济增长方式，集约型或内涵型经济增长方式。粗放型或外延型经济增长方式主要通过要素投入数量的增加、生产规模的扩大来实现经济的增长。集约型或内涵型经济增长方式主要是通过技术水平的提高、制度环境的改善，生产效率的提高来实现经济的增长。

从需求角度，经济增长方式分为投资拉动型经济增长方式和消费拉动型经济增长方式；从供给角度，经济增长方式分为粗放型或外延型经济增长方式和集约型或内涵型经济增长方式。对于一个国家而言，究竟采取哪种经济增长方式，或从一种经济增长方式转变为另一种经济增长方式取决于该国的具体情况。

薛白（2009）根据经济增长方式转变的主导力量的不同，将经济增长方式转变为市场自发演进型和政府主导推动型两种类型。前者是以市场自发力量为主导进行经济增长方式的选择和经济增长方式转变。正是因为这种经济增长方式的转变由市场自发力量所主导，其转变的方向具有不确定性，这种增长方式转变的过程也就是经济自发增长的过程。美国、英国等发达国家主要采取的是市场自发演进型经济增长方式的选择和经济增长方式转变。政府主导推动型经济增长方式转变是由政府根据先进国家的经验，采取一系列相应措施进行经济增长方式的选择和经济增长方式转变。正是因为这种经济增长方式的转变是由政府预先设计并推动的，其转变的方向具有确定性。发展中国家或转型国家主要采取的是政府主导推动型经济增长方式的选择和经济增长方式转变。

作为经济增长方式转变重要内容的经济结构转变也同样具有市场自发演进型和政府主导推动型两种类型。方福前（2011）认为，对于我国而言，仅依靠政府实施有保有压的各种政策不能从根本上解决我国经济结构失衡的问题。要解决经济结构的失衡，应建立长效机制进行经济结构调整与优化。一是继续推进市场化，充分发挥市场机制的资源配置功能；二是加快体制改革，把政府转变为服务型、有限型政府。中国社会科学院财经战略研究院课题组（2013）对经济结构调整方式分为市场主导型和政府主导型两种，并对这两种调整方式进行深入的比较研究，具体如表3-1所示。并且认为，由于在政府主导型经济结构调整方式下，调整结构的方式方法、体制机制并未发生实质性根本改变，会造成一系列政府决策失误、资源配置效率低下、产业结构优化缓慢、企业库存严重、高耗低效的重复建设严重、产能长时间大面积过剩等问题。因此，我国应该尽快启动经济结构调整方式的市场化改革，由政府主导型经济结构调整方式转变为市场主导型经济结构调整方式。

表3-1 政府主导型和市场主导型经济结构调整方式比较

调整特征	市场主导型	政府主导型
实施主体	市场主体，即企业和家庭	各级政府
主要手段	市场和法律手段	行政手段
作用机制	看不见的手，自动调整	看得见的手，人为直接干预
发生时断	事前或事中	事后
调整对象	没有固定领域	主要集中于投资
执行效果	短期见效慢、但波动小、有利于长期均衡	短期见效快，但波动大，易反复，不利于长期均衡
应用范围	发达市场经济体	新兴经济体或经济转型阶段

资料来源：中国社会科学院财经战略研究院课题组.经济结构调整方式市场化转型比较研究［J］.财贸经济，2013（8）.

我国经济增长方式的选择与经济增长方式转变属于典型的政府主导推

动型。我国在改革开放以前及改革开放初期,由于资本短缺、工业基础薄弱,为加快工业化进程,我国以政府力量为主导,采取了投资拉动型经济增长方式,而投资领域主要集中于第二产业。同时,由于我国人力资本水平较低、技术水平落后,经济增长主要依靠生产要素投入量的增加、生产规模的扩大来实现,即粗放型或外延型经济增长方式。由于投资拉动型经济增长方式以高投资、低消费为特征,以低效率重复投资、企业产能过剩、家庭消费水平和福利水平增长缓慢为结果;粗放型或外延型经济增长以高投入和高能耗、高污染为特征,以低效益、低效率、低循环为结果。在人们对美好生活的需求日益加强以及资源与环境约束日益加强的情况下,这两种经济增长方式的不可持续性尤为突出。随着经济的发展,原有经济增长方式的弊端日益显现,其所引发的问题日益突出。同时,随着经济体制改革的不断深入,我国由原来的计划经济逐步过渡到具有中国特色的社会主义市场经济。由于这些因素,我国经济增长方式逐步由投资拉动型经济增长方式向消费拉动型经济增长方式转变,由粗放型和外延型经济增长方式向依靠技术进步和制度变迁实现要素配置效率与使用效率的提高及产业结构的优化为特征的集约型或内涵型增长方式转变。

第二节 经济增长方式转变与经济结构变动的联动机制

经济结构反映一个国家在国民经济中各重要组成部分之间的比例关系(谢长安等,2017)。对于一国而言,经济结构从不同角度可划分为不同类型。从总需求角度,经济结构主要指消费、投资、净出口等在GDP中所占的比重,即需求结构;从生产或供给角度,经济结构主要指劳动、资本等要素在总投入中所占的比重,即投入结构,以及三次产业产值在GDP中所占的比重，即产业结构；从就业角度，经济结构主要指不同产业所吸纳的劳动力占全社会劳动力的比重，即就业结构；从所有制角度，经济结构主要指公有制经济、私有制经济在所有经济成分中所占的比重，即所有制结构；从收入分配角度，经济主要指各要素所得占国民收入的比重，以及家庭、企业、政府各部门所得占国民收入的比重，即收入分配结构；从地区角度，经济结构主要指不同地区，包括东部、中部、西部地区，或城乡地区在经济中所占的比重，即地区结构或城乡结构。

魏杰（2010）和樊长在（2011）从GDP核算方法的角度对经济结构进行定义：一是支出法GDP包括投资、消费、出口，经济结构是投资、消费和出口之间的结构，相应地，我国经济增长方式转变是由投资、出口拉动的增长方式转变为由消费拉动的经济增长方式；二是生产法GDP包括三次产业的增加值之和，经济结构指三次产业结构，相应地，我国经济增长方式转变是由依靠第二产业要素投入数量增加的粗放型增长方式转变为整体依靠要素质量的提高，并由第三产业推动的集约型增长方式转变；三是收入法GDP为政府、企业和居民收入之和，经济结构为国家财政收入、企业利润和居民收入之间的结构，相应地，经济增长方式转变是通过调整收入分配结构，主要是实现居民收入水平的提高，使经济增长方式由政府和企业部门的投资拉动的增长方式转变为由居民消费拉动的增长方式。

根据本书所研究的主要内容，本书所讨论的经济结构主要指产业结构和就业结构。经济增长方式转变与经济结构变动之间存在相互作用的联动机制。新古典经济学从竞争性均衡状态入手，利用边际分析方法，认为经济增长归因于资本积累、劳动力数量增加和技术进步。在该理论下，经济增长与经济结构的变化是无关的（胡晓鹏，2003）。因为作为该理论前提的竞争性均衡状态，要求要素具有充分的流动性，而要素流动的结果是产业间要素生产效率、边际收益及要素价格相等。而在现实经济中，竞争性均衡只是一种理想状态，产业间、行业间、部门间要素的生产效率、边际收益及价格水平通常存在差异，这将导致要素的产业间、行业间、部门间的流动。这种流动一方面带来经济总量的增加，即经济增长，另一方面导致经济结构的变化。配第—克拉克定理表明，在经济发展的初级阶段，不论是从产值结构还是就业结构，都会形成第一产业最高、第二、第三产业较低的情况。而随着经济的发展，第一产业的产值比重和就业比重逐步下降，第二、第三产业的产值比重和就业逐步上升，尤其是第三产业的产值比重和就业比重上升的速度更快。到经济发展的高级阶段，第一产业的产值比重和就业比重最低，并且会越来越低，第三产业的产值比重和就业比重最高，并且会越来越高。库兹涅茨和钱纳里等经济学家也认为，经济结构（主要是就业结构和产业结构）随经济增长而变动，并且又反作用于经济增长。Kuznets（1957）研究表明，在经济增长过程中，第一产业的产值比重和就业比重会不断缩小，而第二产业和第三产业的产值比重和就业比重会不断扩大。而 Frisch（1933）、Slutzky（1937）和 Lucas（1977）通过将产业结构引入经济增长模型，论证了产业结构变动通过影响总供给水平对宏观经济增长构成影响。

　　转变经济增长方式和进行经济结构调整，是实现经济可持续增长的两个重要方面。对于经济增长方式转变与经济结构变动二者之间的关系也是学术界和决策部门高度关注的问题。一部分学者认为，进行经济结构调整是实现经济增长方式转变的重要手段（董建平，2004；袁文榜，2006）；另一部分学者认为，转变经济增长方式是进行经济结构调整的主要任务（白津夫，2005）。而大部分的研究文献则认为二者存在联动关系。首先是理论方面的界定，Fan（2003）通过在传统索洛宏观增长模型中引入产业结构变动的分析表明，产业结构优化是我国经济高速增长的重要源泉。简新华（2009）从理论角度论述了经济结构调整与增长方式转变的相互关系，认为转变增长方式是经济结构优化的根本途径，没有经济增长方式的转变，经济结构不可能得到优化。经济结构优化又是经济持续增长的保证，没有经济结构的优化，经济增长不可能持续。在实证检验方面，梁昭（2010）实证分析表明，我国的经济增长与产业结构化之间存在互动关系，并形成高度的相互依赖。唐文强等（2014）通过建立附加结构约束的经济增长实证模型的研究表明，我国的经济结构调整与经济增长二者之间是长期和谐一致的。

由于经济增长速度的提高，一方面体现在各种生产要素或资源在不同产业之间的合理配置，要素或资源配置效率的上升；另一方面体现在生产要素或资源在特定产业的投入利用，要素或资源使用效率的提高（史晋川，2012）。因此，经济增长方式包括要素或资源配置效率的提高和使用效率的提高两个方面。经济增长方式转变也相应包括这两方面的内容：一是通过经济结构调整实现产业结构和就业结构的优化，即通过提高要素或资源配置效率来加速经济增长方式的转变；二是通过技术进步提高要素或资源的产出水平，即通过提高要素或资源的使用效率来加速经济增长方式的转变。因此，经济增长方式转变与经济结构调整之间存在密不可分的联动关系。

就劳动力要素而言，各产业间劳动生产效率的差异导致劳动力在不同产业的收入水平的差异，进而导致劳动力的产业间流动，劳动力从低效率产业流向高效率产业，低效率产业所吸纳的就业人数减少、高效率产业所吸纳的就业人数增加，从而导致各产业所吸纳的就业人数占全社会就业人数的比重发生变化，即就业结构的变动。同时，劳动力要素从低效率产业流向高效率产业，由于边际产出的提高，生产效率提高，导致经济总量增加，即经济增长。这种经济增长的实质是全社会劳动力整体生产效率的提高而拉动的经济增长。这种经济在增长的同时，由于低效率产业的劳动力数量减少，从而导致其产值占全社会经济总产值的比重下降；高效率产业的劳动力数量增加，从而导致其产值占全社会总产值的比重上升，即产业结构变动。如果把所有产业分为第一产业、第二产业、第三产业，全社会GDP为三次产业的增加值之和，经济增长来源于三次产业的贡献。此时的产业结构变动表现为三次产业增加值占全社会GDP比重的变化。上述分析同样应用于资本等其他生产要素。

如果产业结构的变动是通过劳动、资本等生产要素在产业间的合理流动而实现的，则其结果为产业结构优化。产业结构优化过程是生产要素重新配置的过程，在这一过程中，生产要素的配置效率上升，经济增长的质量提高，主导产业为经济增长提供主导力量，而社会分工和技术进步成为产业结构优化的推动力，同时也是经济增长的根本动力。所以，经济增长方式转变的主要特征是产业结构优化（曹新，1996）。产业结构优化包含合理优化和高级优化两个方面。产业结构的合理优化是在现有技术状况和制度环境下，通过生产要素在不同产业间的合理流动所达到的一种均衡结果。因此，产业结构合理优化是经济增长方式转变的基础，没有产业结构合理优化为前提，根本无法实现粗放型或外延型向集约型或内涵型经济增长方式的转变。产业结构的高级优化则是通过创造或引入新技术、新制度等高级生产要素，促进其他生产要素在不同产业进行合理流动，进而提高所有要素的配置效率和使用效率，最终实现经济增长质量的提高。所以，产业结构的高级优化过程必然伴随着经济增长方式质的转变（刘伟，2005）。

前文从生产或供给角度，根据生产要素投入领域的不同分析产业结构与经济增长方式转变的联动机制。而决定一国经济增长的不仅包括供给，还包括需求。有效需求包括投资需求和消费需求，因此，从需求角度看，经济增长方式包括投资拉动型经济增长和消费拉动型经济增长。而投资拉动型经济增长往往采取的是低工资、低收入、低消费，高积累、高投资、高出口模式。这种增长方式对于一个大国经济而言是不可持续的，它往往伴随的是居民消费偏低、企业产能过剩，国际贸易摩擦增加。并且这种增长方式与经济增长的根本目的相违背。消费拉动型增长方式不仅与经济增长的根本目的相一致，还可以避免产能过剩、国际贸易摩擦等问题，是可持续的。杨圣明（2011）对世界经济结构调整与经济增长关系的研究表明，发达国家大多采取高消费、低投资的增长方式，在增长过程中，总需求结构存在消费比率过高，投资比率过低；而在包括我国在内的新兴市场经济国家中则相反，大多采取高投资、低消费的增长方式，在增长过程中，总需求结构存在投资比率过高，消费比率过低。而这两种总需求结构失衡的增长方式都不可持续。刘伟等（2014）认为，我国2003年以来的经济增长主要是靠投资拉动的，在经济增长的过程中，投资在总需求中所占的比重迅速上升，而消费所占的比重迅速下降。总需求结构的逐步恶化，最终导致GDP增长速度回落，在可持续增长受到影响的同时，也带来了产能过剩等严重问题。

在政府主导推动型经济增长方式转变过程中，不同经济增长方式的选择决定一个国家产业结构的转变。若选择投资拉动型经济增长方式，则经济增长主要依靠高投资而实现。在依靠加速工业化进行赶超的发展中国家，投资尤其是政府投资往往进入第二产业，通过第二产业的高速增长实现经济的高速增长，达到赶超的目的。在这种增长方式下，第二产业往往在经济总量中占主体地位。若选择消费拉动型经济增长，经济增长主要依靠消费水平的提高来实现，消费水平的提高不仅可以直接导致GDP的增长，还可以通过带动投资水平的提高，以实现经济的高速增长。随着经济总量和经济发展水平的提高，居民收入与消费水平随之上升，消费结构也在逐步发生变化。消费水平的提高不仅包括对工业品消费需求的增加，更包括对服务类商品消费需求的增长。在工业品消费基本达到饱和的状态下，消费水平的提高主要是对服务类商品需求的增加。因此，消费拉动型经济增长方式对第三产业的增长有极大的促进作用，使第三产业产值在GDP中的比重迅速提高。因此，从需求角度看，经济增长方式的选择对产业结构构成间接影响。反过来，产业结构的变化决定着消费需求和投资需求的指向。若经济总量中第二产业占主体地位，则消费需求相对疲软、投资需求相对旺盛，此时的经济增长往往采取投资拉动型经济增长方式。若经济总量中第三产业占主体地位，则消费需求相对较强、投资需求相对较弱，此时的经济增长往往采取消费拉动型经济增长方式。因此，从需求角度看，经济增长方式转变与经济结构变动之间依然存在联动关系。张屹山等（2017）通过建立经济结构跨期路径模型对我国经济结构调整路径的测算表明，我国经济增长方式将从依靠投资、出口拉动转向依靠内需拉动，内需既是产业结构调整的指南，也是拉动第二、第三产业增长的核心动力。

经济的高速增长伴随着工业化进程，而在工业化进程中，增长方式的转变伴随着产业结构的调整。在经济高速增长过程中，在工业化进程的不同阶段，产业结构的调整及供给侧和需求侧的主要驱动因素如表3-2所示。

表3-2 经济增长方式转变及工业化不同阶段产业结构调整的驱动因素

工业化阶段	需求侧驱动因素排序	供给侧驱动因素排序	主导产业	理论依据
前工业化时期	主要是满足生存需要，如"吃"与"住"	自然资源、劳动	农业	马尔萨斯陷阱理论
工业化初期	由"吃"转"穿"	劳动、资本、规模经济	轻、纺织工业	古典经济增长理论
工业化中期	耐用消费品需求"用"	资本、规模经济、技术进步、劳动	重、化工业	哈罗德—多马增长理论
工业化后期	由"吃""穿"转向"住"和"行"	技术进步、资本、规模经济、劳动	加工组装工业	索洛的新古典外生增长理论
后工业化时期	休闲、旅游、教育、医疗等服务型需求	知识进步、人力资本、技术进步	高新技术产业、服务业	罗默和卢卡斯的内生增长理论

资料来源：根据国务院发展研究中心.我国产业结构升级面临的风险和对策［J］.经济研究参考，2010（3）；张菀洺.中国经济结构调整与发展方式转变的制约因素与战略选择［J］.广东社会科学，2011（4）的内容进行整理所得。

在经济增长方式转变过程中，工业化进程可分为前工业化时期、工业化初期、工业化中期、工业化后期和后工业化时期。在工业化进程的不同阶段，产业结构调整的驱动因素或增长方式、主导产业、理论依据不同。在前工业化时期，人们的需求主要是"吃"和"住"的生活需要，生产方面主要是依靠劳动和自然资源投入，经济增长方式为外延型增长，此时的主导产业为农业，其理论依据为"马尔萨斯陷阱"；在工业化初期，人们的需求在"吃"和"住"得到基本满足的情况下，增加了对"穿"的需求，在生产方面主要是依靠劳动、资本投入以及规模经济效应进行大规模工业化生产，但经济增长方式仍为外延型增长，此时的主导产业为轻工业、纺织工业，其理论依据为古典经济增长理论；在工业化中期，人们的需求由"吃""住""穿"转向耐用消费品"用"，在生产方面主要是依靠资本、技术、劳动投入以及规模经济效应进行大规模工业化生产，经济增长方式由外延型增长转向内涵型增长，规模经济成为这一阶段经济增长最重要的贡献因素，主导产业相应地由轻、纺织工业转变为耐用消费品工业和资本品工业，如钢铁、电力、机械、化工、家用电器等，其理论依据为哈罗德—多马增长理论；在工业化后期，人们的主要需求转向更高级的"住"和"行"，在生产方面主要依靠技术、资本、劳动投入和规模经济效应进行大规模工业化生产，经济增长方式为内涵型增长，技术进步成为这一阶段经济增长的最重要贡献因素，主导产业由重、化工业转变为加工组装工业、如汽车、通信等，其理论依据为索洛的新古典外生增长理论；在后工业化时期，人们的主要需求进一步转变为对休闲、旅游、教育、医疗等服务型商品的需求，在生产方面主要是依靠知识进步、人力资本积累和技术进步，经济增长方式为内涵型增长，新的知识与技术创新为这一阶段经济增长的最重要贡献因素，主导产业相应转变为高新技术产业和服务业等，其理论依据为罗默和卢卡斯的内生增长理论。

第三节 产业结构变动及就业重构对城乡居民收入差距的影响机制

配第—克拉克定理在古典经济学框架之下，指出由于生产效率的差别，第三产业的收入水平高于第二产业，第二产业的收入水平高于第一产业。随着经济的发展，劳动力先从第一产业流向第二产业，当经济的发展水平进一步提高时，劳动力再流向第三产业。流动的结果是，第一产业在国民经济总产值中的比重及吸纳的就业人数占总就业人数的比重逐步下降，第二、第三产业的产值比重和就业比重逐步上升。但按新古典经济学的观点，在劳动力可以自由流动的情况下，产业间劳动收入的差异导致劳动力要素从低收入产业向高收入产业转移。而高收入产业随着劳动力投入量的增加，其边际产量将会下降；低收入产业随着劳动力的流出或投入量的减少，其边际产量将会上升。在收入按要素的边际生产力进行分配的情况下，高收入产业随着劳动边际产量的下降，将导致劳动力价格或劳动收入的下降；低收入产业随着劳动边际产量的上升，劳动力价格或劳动收入上升。最终，劳动力的产业间流动的结果是同质劳动在不同产业所获得的收入相等。

发展经济学家 Lewis（1954）在古典主义分析框架下提出的二元经济发展模型是将一个不发达的经济分为以农业为主的传统部门和以工业部门为主的现代部门。以农业为主的传统部门采用的是以手工为主的劳动集约型生产技术。生产者的生产目的主要是维持全体成员的生存，在决定劳动力雇用数量时，主要考虑的是互助、互济，就业的劳动力数量与劳动力总数量相等，即使就业的劳动力数量超过实现利润最大化所需要的最优数量时，生产者也不会或不可能解雇劳动力，于是在农业部门中形成相当数量的剩余劳动力，他们的边际生产力低于最低生活费用甚至等于零。而以工业为主的现代部门采用的是以大机器生产为主的资本集约型生产技术。生产者的生产目的是利润最大化，根据劳动边际生产力等于工资水平的原则决定劳动力的雇用数量。这就意味着只有那些边际生产力高于或等于工资水平的劳动力才能被雇用，不存在剩余劳动力。而经济的发展需要现代部门的扩张，只有现代部门的扩张才能吸收农业部门的剩余劳动力，并使所有人民的收入水平和生活水平提高。由于现代部门的扩张需要吸收农业部门的剩余劳动力，因此，经济发展的最显著特征是农业部门的剩余劳动力向现代部门转移。开始阶段，首先转移的是边际生产力为零的剩余劳动力，他们从农业部门向现代部门的转移不会引起农业产量的下降和工资水平的上升。此时的工资水平由农业劳动力的平均产出所决定，是固定不变的。但如果边际生产力低于最低生活费用而大于零的农业部门的劳动力持续转移,在农业生产效率没有提高的情况下,将导致农业产量的下降以及农产品价格的上升。这迫使现代部门必须提高名义工资以维持现代工业部门工人的实际生活水平。当传统农业部门中边际生产力低于最低生活费用的剩余劳动力被现代工业部门吸收,现代工业部门的进一步扩张就会与传统农业部门争夺边际生产力高于最低生活费用的劳动力,这将导致全社会劳动力由过剩转为短缺,劳动力的工资水平上升,并在相互竞争和劳动力可自由流动的情况下,传统农业部门劳动的边际生产力将更快地上升,从而最终实现传统农业部门和现代工业部门的劳动边际生产力与实际工资或水平相等。这一过程同时伴随现代工业部门扩张速度的下降和全社会经济发展速度的放慢。

费景汉和拉尼斯(1961)从动态角度研究农业和工业均衡增长的二元经济模型弥补了刘易斯模型忽视农业生产效率的提高及其在促进工业增长中的作用的缺陷。他们认为农业生产效率的提高是农业剩余劳动力的产生以及农业剩余劳动力向现代工业部门转移的先决条件。

乔根森(1967)在新古典主义的分析框架下提出的二元经济发展理论认为,工业部门的工资等于边际产量或边际生产力,但农业部门的工资等于劳动的平均产量或平均生产力。劳动力可以在两部门之间自由流动的情况下,农业剩余劳动力的规模以及农业剩余劳动力向工业部门转移的规模决定了工业部门的发展状况。现代工业部门因资本积累和技术进步导致劳动边际生产力的上升会引起现代工业部门的工资及收入水平的较大提高,而传统农业部门因资本积累和技术进步缓慢,其平均产出、工资与收入水平受到制约,从而导致城乡居民收入差距问题。

托达罗(1970)提出的劳动力迁移模型认为,农业劳动力向城市的迁移主要取决于其在城市现代部门找到工作的概率以及城乡预期收入的差异。如果在城市找到工作的概率越高、城乡预期收入差异越大,农村劳动力向城市现代部门迁移的规模越大。托达罗模型正确反映了农村劳动力在比较经济利益驱动下，向较高收入的城市现代部门迁移的理性经济行为。只要城市现代部门的收入水平高于农村部门的收入水平，只要在城市现代部门存在就业机会，在农村收入较低且就业不足的劳动力就会向城市现代部门迁移。按照此理论的观点，由于城市现代部门的收入水平高于农村，当城市现代部门的发展与扩张创造出更多的就业机会时，受教育程度越高的农村居民向城市转移的预期收入越高，从而导致大量受教育程度较高的农村居民向城市现代部门迁移。这种迁移将进一步导致农村部门人力资本水平的下降和相对收入水平的下降，从而导致城乡居民收入的差距进一步扩大。

无论是新古典经济理论还是二元经济理论，都认为一个国家的经济增长首先由某一生产效率高的产业或部门所带动，该产业或部门的产值在GDP中的比重增加，从而引起产业结构和就业结构的变动。因为该产业或部门的生产效率较高，所以该产业或部门劳动力的收入水平上升速度较快，从而导致产业间或部门间收入差距的扩大。如果各生产要素可以在产业或部门间自由流动，则该收入差距必然引起劳动力从低效率、低收入的产业或部门流向高效率、高收入的产业或部门，从而导致该国家就业结构的变动。这种劳动力的流动进一步导致各产业劳动力供求关系的改变，流入产业或部门的劳动力价格会因劳动力供给的增加而下降；流出产业或部门的劳动力价格会因劳动力变得稀缺而上升，最终产业或部门间的收入差距因劳动力的流动而消失。

以上理论虽然揭示了现实经济中产业结构、就业重构、收入分配之间的互动机制，但其互动结果是产业间收入差距缩小的结论并不总被现实所支持。现实经济中有产业间收入差距缩小的情况，但同时也有收入差距扩大的情况。现实经济中之所以会出现不同情况，原因在于上述理论忽略了人力资本的作用。在上述理论的分析中，我们会看到，如果劳动力可以自由流动，则产业结构的变动会引起就业结构的变动，就业结构的变动又会导致收入分配状况的变动。收入是消费的源泉，收入分配状况的变动又导致全社会对商品需求结构的变动，由于生产的最终目的满足人们的需求，从而需求结构的变动进一步导致产业结构的变动。这就形成循环决定，即"产业结构变动—就业重构—收入分配变动—消费结构变动—产业结构变动"。但这个循环究竟是良性的还是恶性的，或者在这个循环中收入差距最终是缩小的还是扩大的，关键在于人力资本状况是否与产业结构的变动相匹配。Ramos（2009）研究表明，单纯的人力资本水平的提高并不必然有利于经济结构的优化，只有与经济结构变动相匹配的人力资本水平才有利于产业结构的优化和经济的均衡增长。因为，如果人力资本的数量、质量、结构与产业结构的变动是相匹配的，人力资本状况就能够满足产业结构变动的需要，劳动力就业就可以在产业间实现顺利转移，从而就业结构与产业结构可以实现同步优化，从而导致收入差距的缩小。在这种情况下，产业结构变动和就业结构变动与收入分配就形成了良性循环；相反，如果劳动力的人力资本状况与产业结构的变动是不相匹配的，人力资本状况则不能满足产业结构变动的要求，劳动力则无法在产业间实现顺利转移，这必然导致就业结构与产业结构的偏离、收入分配差距的扩大。在这种情况下，产业结构变动和就业结构变动与收入分配就形成了恶性循环。

对于城乡二元经济结构而言，如果忽略人力资本的作用，或在人力资本水平总能满足经济发展需要，产业结构变动以及就业重构不受人力资本状况的制约，此时产业结构变动以及就业重构的结果将使城乡居民收入差距的缩小。因为如果人力资本状况总能满足经济发展的需要，以快速技术进步所支持的城市工业等现代部门的迅速增长会导致城市居民收入的快速增加，而农村部门由于技术进步缓慢而导致农村居民收入的增长速度低于城市居民收入的增长速度，从而出现城乡居民收入差距。在劳动力可自由流动的情况下，如果农村居民的人力资本水平能够满足城市经济部门的需要，则农村劳动力就会向城市部门转移。而这种转移只是转变了城市与农村部门所使用的劳动力数量，并不能改变两部门的人均人力资本水平。这种情况下，城市部门劳动力供给的增加会导致劳动边际生产力水平的下降,从而导致工资与收入水平的下降;农村部门由于劳动力供给的减少会导致劳动力边际生产力水平的上升,促进工资与收入水平的提高,产业结构变动与就业重构的结果是城乡居民收入差距的缩小。但在现实经济中,部门间或产业间对人力资本水平的要求不同,且不同劳动力的人力资本水平存在较大差异。这种情况下,即使城市部门的收入水平高于农村部门,由于农村部门劳动力的人力资本水平存在差异,城市部门的扩张只能吸收高人力资本的农村劳动力,而人力资本水平不能满足城市部门需要的低素质劳动力依然滞留于农村。这将导致全社会人力资本或高素质劳动力向城市集中,城乡部门人力资本水平或劳动力素质的差异进一步扩大,城市部门或第二、第三产业的产值在全社会总产值的比重迅速上升,其上升的速度高于劳动力数量增加的速度,即相对劳动生产效率进一步上升;农村部门由于滞留大量低素质劳动力,其劳动力数量减少的速度低于其产值比重下降的速度,即相对劳动生产效率进一步下降。而国民收入初次分配的原则是按要素分配,拥有更多数量、更高质量要素的城市部门的相对收入水平进一步上升,拥有更少数量、更低质量要素的农村部门的相对收入水平进一步下降。这种情况下,产业结构变动以及农村劳动力向城市部门转移的就业重构的必然结果是扩大城乡居民的收入差距。

第四节 就业重构对城乡居民收入差距影响的数理分析

由前面相关文献综述以及就业重构对城乡居民收入差距影响的机制分析可知,农村劳动力向城镇第二、第三产业的转移所导致的就业重构在不同情况下对城乡居民收入差距的影响是不同的。本部分将从数理分析的角度论证这种就业重构对城乡居民收入差距的影响。

一、基本假设

为了数理分析的方便,对一个社会的经济结构及生产状况作如下假定:

假定1:经济部门只包括为农村部门和城镇部门。并且农村部门只进行第一产业的生产,城镇部门只进行第二、第三产业的生产。

假定2:农村部门和城镇部门的生产活动是规模报酬不变。

假定3:农村部门的投入要素主要为劳动和土地,其生产函数为:

$$Y_a = A_a L_a^{\alpha} N^{1-\alpha} \tag{3-1}$$

其中,Y_a代表农村部门的总产出水平,A_a代表农村部门的技术水平,L_a代表农村部门投入的劳动力数量,N代表农村部门中投入的土地数量,a代表农村部门劳动力的产出弹性,并且$0<\alpha<1$。

假定4:城市部门的投入要素主要为劳动和资本,其生产函数为:

$$Y_b = A_b L_b^{\beta} K^{1-\beta} \tag{3-2}$$

其中,Y_b代表城市部门的总产出水平,A_b代表城市部门的技术水平,L_b代表城镇部门投入的劳动力数量,K代表城镇部门投入的资本数量,β代表城镇部门劳动力的产出弹性,并且$0<\beta<1$。

假定5:农村居民数量、城镇居民数量、社会人口总数既定,并且所有人口都参与生产活动。所以:

$$L = L_a + L_b \tag{3-3}$$

其中,L为全社会劳动力数量。

假定6:全社会的土地和资本的数量既定,且资本要素不获得报酬。

假定7:当农村居民从事农业生产所获得的收入低于从事第二产业和第三产业生产的收入时,农村居民可以自由地向城镇部门第二产业和第三产业转移。但是这种转移并不改变农村居民的身份特征。农村劳动力向城镇部门转移的数量用M来代表。

假定8:在初始状态下不发生农村劳动力向城镇部门第二产业和第三产业的转移,即M=0。

二、农村居民、城镇居民初始状态下的收入水平

虽然我国农村地区的土地为集体所有,但农村集体的土地要素收入最终仍被农村居民以直接方式或间接方式所拥有。因此,我国农村居民的收入包括土地收入和劳动收入两个部分。按 Lewis(1954)的观点,并根据前面的假定,农村居民在初始状态下的人均收入水平(w_a)为农村部门的人均产出水平,即:

$$w_a = \frac{Y_a}{L_a} = A_a L_a^{\alpha-1} N^{1-\alpha} \tag{3-4}$$

由于城镇普通居民拥有的资本数量较少,劳动收入是城镇居民的主要收入。所以,城镇居民在初始状态下的人均收入水平(w_b)等于城镇劳动力的边际产出水平。即:

$$w_b = \frac{\partial Y_b}{\partial L_b} = \beta A_b L_b^{\beta-1} K^{1-\beta} \tag{3-5}$$

所有农村居民初始状态下的总收入为:

$$I_a = w_a L_a = Y_a = A_a L_a^{\alpha} N^{1-\alpha} \tag{3-6}$$

所有城镇居民初始状态下的总收入为:

$$I_b = w_b L_{b1} = \beta A_b L_b^{\beta} K^{1-\beta} \tag{3-7}$$

全社会初始状态下的总收入(I)为:

$$I = I_a + I_b = w_a L_a + w_b L_b \tag{3-8}$$

三、农村劳动力转移对城乡居民收入差距的影响

目前学者分析城乡居民收入差距时,主要使用泰尔指数和城乡居民人均收入比率两个指标。下面分别就这两个指标进行分析:

1. 基于泰尔指数的数理分析

泰尔指数的通用表达式为:

$$TL = \sum_{i=1}^{n} \frac{I_i}{I} \ln\left(\frac{I_i}{I} \bigg/ \frac{L_i}{L}\right)$$

其中，I_i 代表第 i 组的收入，L_i 代表第 i 组的人口数量；I 代表社会收入总额，L 代表社会总人数。

根据之前的假定，由于只包括城镇部门和农村部门，并以一个代表性农民的收入表示农村居民的人均收入水平，即 w_a；以一个代表性城镇居民的收入表示城镇居民的人均收入水平，即 w_b。所以此处的泰尔指数可变形为：

$$TL = \frac{w_a}{w_a + w_b} \ln\left(\frac{2w_a}{w_a + w_b}\right) + \frac{w_b}{w_a + w_b} \ln\left(\frac{2w_b}{w_a + w_b}\right)$$

为推导上简化，故设定：

$$g = \frac{w_a}{w_a + w_b} \tag{3-9}$$

则：

$$TL = g\ln(2g) + (1-g)\ln[2(1-g)]$$

即：

$$TL = g\ln 2 + g\ln g + (1-g)\ln 2 + (1-g)\ln(1-g) \tag{3-10}$$

下面分析农村部门第一产业的劳动力向城镇部门第二、第三产业自由转移所造成的影响：

当发生农村部门第一产业的劳动力向城镇部门第二、第三产业的自由转移时，M 从 0 上升，这意味着农村部门的生产所投入的劳动力（L_a）的等量减少，同时城镇部门的生产所投入的劳动力（L_b）的等量增加。即：

$$\frac{dL_a}{dM} = -1$$

$$\frac{dL_b}{dM} = 1$$

同时，由式（3-4）和式（3-5）可知，M 的变化既影响 w_a，又影响 w_b。并且：

$$w'_a = \frac{\partial w_a}{\partial M} = -(\alpha - 1) A_\alpha L_\alpha^{\alpha-2} N^{1-\alpha} > 0$$

$$w'_b = \frac{\partial w_b}{\partial M} = \beta(\beta-1)A_b L_b^{\beta-2} K^{1-\beta} < 0$$

所以，农村部门第一产业的劳动力向城镇部门第二、第三产业的转移会导致农村居民边际收入的增加和城镇居民边际收入的下降。

因此，式（3-10）中的 g 随着 M 的变化而变化。为分析农村劳动力向城镇第二、第三产业的转移对泰尔指数的影响，根据式（3-10）TL 对 M 求导可得：

$$\frac{\partial TL}{\partial M} = -g'\ln 2 + g'\ln g + g' - g'\ln 2 - g'\ln(1-g) - g'$$

整理后可得到：

$$\frac{\partial TL}{\partial M} = g'\ln\left(\frac{g}{1-g}\right)$$

将式（3-9）代入上式，并进行整理可得到：

$$\frac{\partial TL}{\partial M} = g'\ln\left(\frac{w_a}{w_b}\right)$$

考虑当农村劳动力放弃农业生产向城镇第二、第三产业转移时，必然意味着 $w_a < w_b$。因此，上式中：

$$\ln\left(\frac{w_a}{w_b}\right) < 0$$

再根据式（3-9）求导可得：

$$g' = \frac{\partial g}{\partial M} = \frac{w'_a(w_a+w_b) - w_a(w'_a+w'_b)}{(w_a+w_b)^2}$$

即：

$$g' = \frac{\partial g}{\partial M} = \frac{w'_a w_b - w_a w'_b}{(w_a+w_b)^2}$$

因为：$w'_a > 0$，$w'_b < 0$，

所以：$g' > 0$

因此：

$$\frac{\partial TL}{\partial M} = < 0$$

上式表示，TL 与 M 负相关。因此，农村部门劳动力向城镇部门第二产业和第三产业的转移会导致泰尔指数的下降，即城乡居民人均收入差距缩小。

2. 基于城乡居民人均收入比率的数理分析

以 R 表示城乡居民人均收入比率，其表达式为：

$$R = \frac{w_b}{w_a}。$$

为分析农村部门劳动力向城镇第二产业和第三产业转移对城乡居民人均收入比率的影响，R 对 M 求导可得到：

$$\frac{\partial R}{\partial M} = = \frac{w_b' w_a - w_b w_a'}{(w_a)^2}$$

又因为，$w_a' > 0$，$w_b' < 0$，所以：

$$\frac{\partial R}{\partial M} \leq 0$$

上式表示，R 与 M 负相关，即农村部门劳动力向城镇部门第二产业和第三产业转移的增加会导致城乡居民人均收入比率的下降，即城乡居民人均收入差距缩小。

3. 结论

前面无论是通过泰尔指数，还是通过城乡居民人均收入比率，两者数理分析的结论相同。即当农村居民从事农业生产所获得的收入低于从事第二产业和第三产业所获得的收入时，农村劳动力就会放弃农业生产进入城镇，向第二产业和第三产业转移。即使这种转移不改变其自身的身份特征，也会缩小城乡居民人均收入差距。

第四章
中日韩高增长时期就业重构与产业结构变动的协调性与城乡收入差距比较

第一节 就业重构与产业结构变动的协调性的相关指标

由于产业结构与就业结构存在相互影响的作用，产业结构的变动会导致就业结构的变动，就业结构的变动反过来也会引起产业结构的变动。因此，一国经济的持续增长要求产业结构的变动和就业结构的变动两者之间应相互协调。我国绝大多数学者对就业结构与产业结构之间协调性的研究，通常首先对就业结构与产业结构的演变历程进行趋势分析，然后通过设计各种指标对二者的协调性进行定量分析。这些指标包括就业产出弹性、相对劳动生产率和结构偏离度。

一、就业产出弹性

某产业的就业产出弹性反映了该产业所吸纳的就业人数对该产业产出变动的反应程度，用该产业就业人数增长率与该产业产出增长率之间的比率来表示，即：

$$i\text{产业的就业产出弹性} = \frac{i\text{产业的就业人数增长率}}{i\text{产业的产出增长率}}$$

通常产出的增长将为社会创造更多的就业机会，引起就业水平的提高，所以某产业的就业产出弹性反映了该产业的产出增长对劳动力的吸纳能力。如果弹性值越大，则该产业的产出增长会为社会创造更多的就业机会，对劳动力的吸纳能力越强；如果弹性值越小，则该产业的产出增长为社会创造的就业机会越少，对劳动力的吸纳能力越弱。

二、相对劳动生产率

相对劳动生产率也被称为比较劳动生产率。它是用某一产业的产值占GDP的比重除以该产业的就业人数占全社会就业人数的比重表示，即：

$$i\text{产业的相对劳动生产率} = \frac{i\text{产业的产值}/GDP}{i\text{产业的就业人数}/\text{全社会就业人数}}$$

相对劳动生产率是常用的研究就业结构与产业结构之间协调性的一种重要工具，也是测度产业结构效益的一种重要指标。它反映了该部门用全社会1%的劳动力所生产的产值占全社会GDP的比重，比重越大意味着该产业的相对劳动生产率越高。其标准值为1，即该部门用全社会1%的劳动力所创造的产值正好占全社会总产值的1%。如果该产业的相对劳动生产率大于1，意味着该产业用全社会1%的劳动力创造的产值比重大于1%，即该产业的劳动生产率相对较高；如果该产业的相对劳动生产率小于1，意味着该产业用全社会1%的劳动力创造的产值比重小于1%，即该产业的劳动生产率相对较低；如果各产业的相对生产率都等于1，则表示该社会的就业结构与产业结构是绝对相互协调的，这最有利于经济与社会的协调发展，每个产业都能用1%的劳动创造全社会1%的产值。

为了从相对劳动生产率角度衡量整个社会就业结构与产业结构的协调性，本书构建全社会相对劳动生产率总偏离度，即：

$$\text{全社会相对劳动生产率总偏离度} = \sum_{i=1}^{3} |i\text{产业相对劳动生产率} - 1|$$

全社会相对劳动生产率总偏离度为各产业相对劳动生产率与1之差的绝对值之和。其值越低意味着该国家就业重构与产业结构变动的协调性越高。当每个产业的相对劳动生产率都为1时，全社会相对劳动生产率总偏离度为0。

三、结构偏离度

结构偏离度同样也是我国学者研究就业结构和产业结构之间协调性的常用工具。但不同学者计算结构偏离度时所使用的计算公式不统一。有些学者用某产业的产值比重减去就业比重代表该产业的结构偏离度，也有学者用某产业的就业比重减去产值比重代表该产业的结构偏离度。本书使用前者的计算方法，即：

$$i 产业的结构偏离度 = \frac{i 产业的产值}{GDP} - \frac{i 产业的就业人数}{全社会就业人数}$$

通过结构偏离度指标能够很好地反映就业结构与产业结构是否对称或协调。结构偏离度的绝对值越大，代表该产业的产值比重与就业比重之间的偏差越大，就业结构与产业结构越不协调；结构偏离度的绝对值越小，代表该产业的产值比重与就业比重越接近，就业结构与产业结构越协调。结构偏离度的标准值为0，此时该产业的产值比重等于就业比重，这种情况下，相对应的该产业的相对劳动生产率也等于标准值1。

为了从结构偏离度角度衡量整个社会就业结构与产业结构的协调性，本书构建全社会结构总偏离度，即：

$$全社会结构总偏离度 = \sum_{i=1}^{3} |i 产业结构偏离度|$$

全社会结构总偏离度为各产业结构偏离度的绝对值之和。其值越小意味着该国家就业重构与产业结构变动的协调性越高。当每个产业的结构偏离度都为0时，全社会结构总偏离度为0。对应的全社会相对劳动生产率总偏离度为0。

第二节 我国就业重构与产业结构变动的协调性与城乡收入差距

一、我国产业结构、就业结构与城乡收入差距的基本状况

自 1978 年改革开放以来，我国的经济增长虽然波动较大，但整体保持了较高的增长速度。如附表 1 和图 4-1 所示。虽然 2011 年之后 GDP 增长率出现了明显的下降，并自 2014 年之后我国的经济增长被界定为进入"新常态"[①]。但 1978~2013 年我国经济在 36 年当中保持了年均 9.9% 的增长率。

图 4-1 我国历年 GDP 增长率

在我国经济保持高速增长的同时，居民收入差距问题变得日益突出。我国国家统计局公布的数据，全社会居民收入基尼系数从改革开放初期的

[①] 2013 年 12 月 10 日，在中央经济工作会议的讲话上习近平总书记首次提出"新常态"。2014 年 11 月 9 日，习近平总书记在亚太经合组织工商领导人峰会上的演讲中首次系统阐述了新常态。

1981年的0.288逐年上升到1994年超过0.4的国际警戒线，达到0.436，之后又逐年上升，虽然在20世纪90年代末有所下降，但之后又逐步上升，于2008年达到0.491。自2009年后，基尼系数虽然有所下降，但在2013年为0.473，2016年仍高达0.465（见附表1、图4-2）。

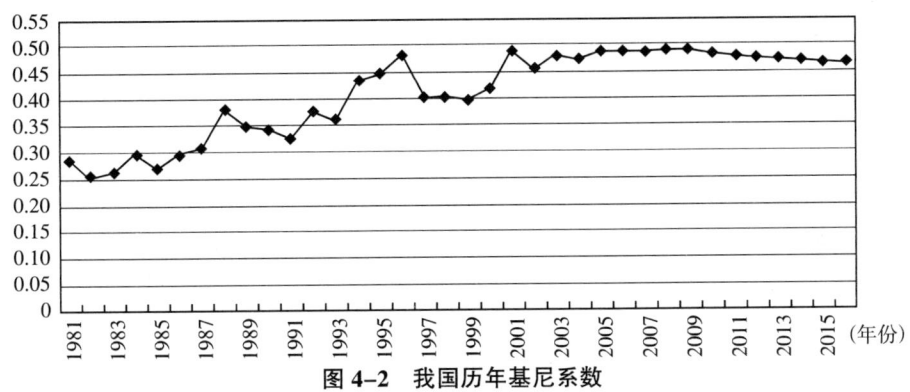

图4-2 我国历年基尼系数

国内许多学者认为我国收入分配不平等的原因主要是城乡居民收入差距过大。如万广华（2007）的测算结果表明，我国全社会收入分配不平等的60%是由城乡居民收入差距导致的；李实（2008）认为，我国全社会居民收入分配的不平等有2/3是由城乡分割所导致的城乡居民收入差距导致的。因此，城乡居民收入差距问题是我国收入分配不平等的最重要问题。

国内诸多学者主要使用城镇居民人均可支配收入与农村居民人均纯收入的比率来分析我国城乡居民收入差距。从城乡居民收入比率看，我国在经济高速增长过程中城乡居民收入差距在总体上是不断扩大的。由于我国的改革首先是从农村开始的，在改革开放初期，家庭联产承包责任制的实施极大地提高了农村居民的生产积极性，农业产出在短期内迅速增加，农村居民收入也随之迅速提高，城乡居民收入比率从1978年的2.56∶1迅速下降到1983年的1.82∶1。但20世纪80年代中期之后，我国经济改革的重心移向城市，有利于收入增长的制度改革主要在城市进行，其中影响最大的是国有企业改革①。而在农村，有利于收入增长的制度改革基本停止。这种情况下，城镇居民的收入水平随之迅速提高，其增长速度远高于农村居民，城乡居民收入差距随之迅速扩大，在1994年达到2.86∶1。虽然1995~1997年城乡居民收入差距有一定幅度的缩小，但1998年之后城乡居民收入差距又迅速扩大，2009年，城乡居民收入差距达到的3.33∶1。自2010年之后，虽然城乡居民收入又有所缩小，但在2013年城乡居民收入差距为2.81∶1，2016年仍然在2.72∶1的高位，如附表1、图4-3所示。

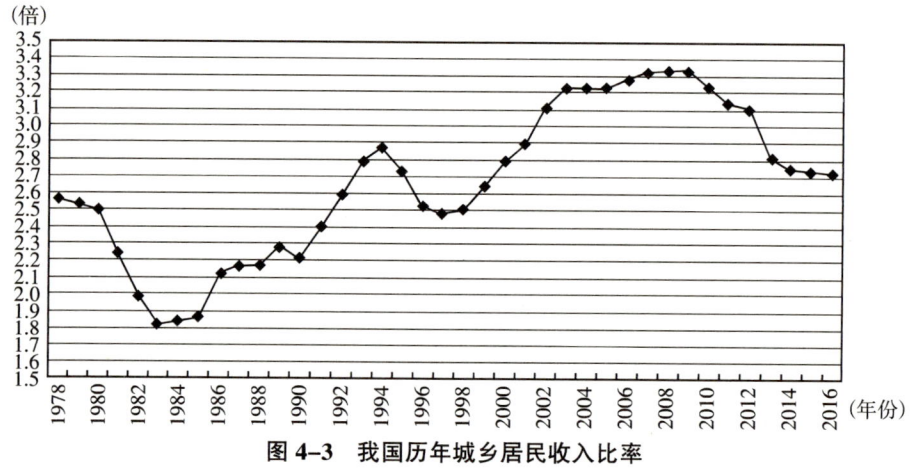

图4-3 我国历年城乡居民收入比率

虽然诸多学者使用城镇居民人均可支配收入与农村居民人均纯收入之比这一指标对我国城乡居民收入差距问题进行了研究。但这一指标其实是

---

① 在过去近40年的改革历程当中，国有企业改革大致分为5个阶段：第一阶段是1978~1984年，改革的重点是对国有企业进行放权让利，即通过打破高度集权的国有国营体制，赋予国有企业一定的经营自主权，允许国有企业留存一定的经营利润，提高国有企业的生产经营积极性；第二阶段是1985~1992年，改革的重点是政企分开与两权分离，即通过所有权与经营权的分离，逐步推进政企分开，使国有企业成为独立经营、自负盈亏的生产者与经营者，并探索多种形式的经营责任制；第三阶段是1993~2002年，改革的重点是建立现代企业制度试点，即选择诸多国有企业，按产权清晰、权责明确、政企分开、管理科学的现代企业制度的要求进行公司制改革试点；第四阶段是2003~2013年，改革的重点是股份制改革，即在国有大中型企业当中，推行股份制，发展混合所有制，按现代企业制度要求，实行规范的公司制改革，完善法人治理结构；第五阶段是2013年以后，改革的重点是混合所有制改革，即通过引入社会和民营资本参股，实现国有企业的混合所有制经营。

缩小了我国城乡居民收入差距①。因为在城镇居民人均可支配收入中不包括城镇居民实际所享有的各种住房、医疗等社会保障、保险及各种补贴，所以城镇居民人均可支配收入实际上是一个"窄口径"指标；在农村居民纯收入中，有40%以上必须用于下一生产周期的种子、化肥、农药、耕种、收割等再生产投入，而不能像可支配收入那样自由支配、自由用于生活消费，因此，农村居民纯收入实际上是一个"宽口径"指标。如果把这些因素考虑进去，城镇居民与农村居民实际人均收入的差距会更大。但即使是使用了城镇居民人均可支配收入与农村居民人均纯收入比率这一指标，即使是在近几年当中该指标已经有所下降，2016年城乡居民收入差距也高达2.72∶1。在世界范围内，城乡居民收入差距超过1.5∶1的国家极少。因此，我国的城乡居民收入差距在世界上是非常罕见的。

伴随着经济的高速增长以及增长方式的转变，我国经济结构也在迅速变化。

从产业结构的变化来看，如附表1和图4-4所示：1978~2016年，第一产业增加值在GDP中的比重虽然在改革开放初期，由于农村家庭联产承包责任制的实施，从1978年的27.9%上升到1982年的33.0%，但之后一直呈下降趋势，一直下降到2016年的8.6%；第二产业的产值比重从1978年的47.6%小幅下降到1990年的40.9%，之后又回到2006年的47.4%，即基本又回到了1978年的水平。2006年后，第二产业的产值比重持续小幅下降，一直降到2016的39.9%；而第三产业的产值比重由1978年的24.5小幅下降到1983年的22.5%，但之后基本一直处于逐年上升状态，到

---

① 根据国家统计局的指标解释：城镇居民家庭可支配收入是指家庭成员得到的可用于最终消费支出和其他非义务性支出以及储蓄的总和，即居民家庭可以用来自由支配的收入。它是家庭总收入扣除缴纳的个人所得税、个人缴纳的社会保障支出以及记账补贴后的收入。"城镇居民人均可支配收入"是按人口平均的可支配收入水平，反映一个地区城镇居民的平均收入水平；农村居民家庭纯收入是指农村住户当年从各个来源得到的总收入相应地扣除所发生的费用后的收入总和。纯收入主要用于当年生活消费支出和下一生产周期的再生产投入，也可用于储蓄和各种非义务性支出。"农民人均纯收入"是按人口平均的纯收入水平，反映的是一个地区农村居民的平均收入水平。

2016年达到51.6%。从上述我国产业结构的变动情况看，第二产业的产值比重相对比较稳定，基本处于40%~50%，所以我国产业结构的变动主要是由于第一产业的产值比重不断下降、第三产业的产值比重不断上升所导致的。受第一、第三产业产值比重变动的影响，我国的产业结构从改革开放之初的"二一三"结构转变到1985~2012年的"二三一"结构，而自2013年后由于第三产业继续快速增长，第二产业产值迅速下降，我国的产业结构转变为"三二一"结构。

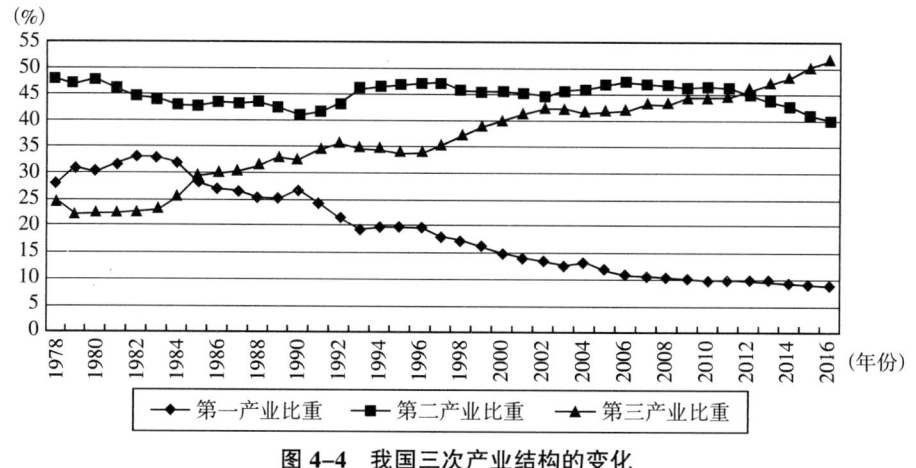

图4-4 我国三次产业结构的变化

在我国经济高速增长时期，产业结构的变动伴随着就业重构。就业重构的主要表现为，劳动力从农村第一产业流出，向城市第二、第三产业转移，从而使我国的就业结构发生了巨大的改变。就业重构的具体表现如附表1和图4-5所示：第一产业的就业比重呈持续、大幅下降趋势。由1978年的70.5%下降到2016年的27.7%，共下降了42.8个百分点；第二产业的就业比重基本呈持续、小幅上升趋势，由1978年的17.3%上升到2016年的28.8%，共上升了11.5个百分点；第三产业的就业比重则呈持续、大幅上升趋势，由1978年的12.2%迅速上升到2016年的43.5%，共上升了31.3个百分点。我国的就业结构也从改革开放初期的"一二三"结构变到1994~2011年的"一三二"结构，2012年之后转变为"三二一"结构。并且,近几年第二产业的就业比重基本稳定,且与第一产业的就业比重基本持平,但第一产业的就业率比重仍呈继续下降趋势,第三产业的就业比重不仅远高于第一、第二产业,且仍呈继续上升趋势。因此,目前第三产业成为我国劳动力就业的首要领域。

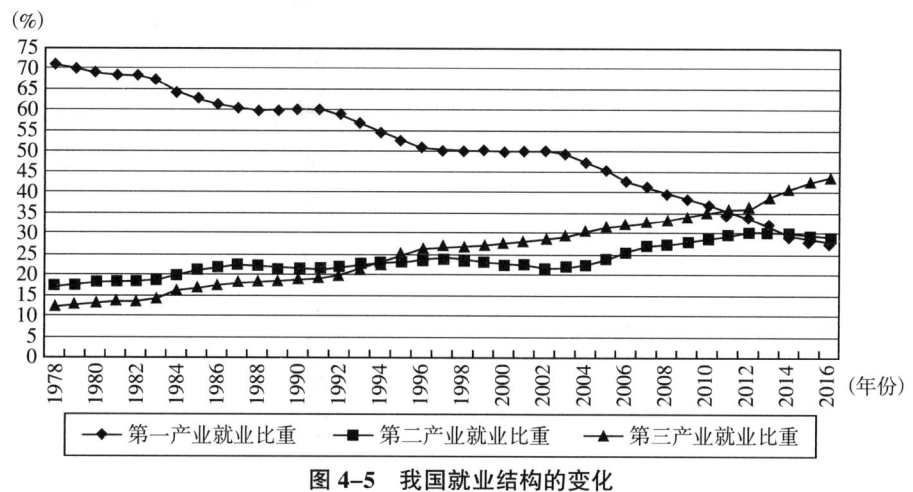

图 4-5 我国就业结构的变化

二、我国就业重构与产业结构变动的协调性

一国经济的持续、均衡增长,首先要求就业结构的变动与产业结构的变动相互协调。如前所述,反映就业结构与产业结构协调性指标主要包括就业产出弹性、相对劳动生产率和结构偏离度。

从就业产出弹性来看,从附表 2 和图 4-6 可以看出,1979~1991 年,第一产业的就业产出弹性值虽然较小,但除个别年份外,基本都是正值,这说明随着第一产业产值的增加,在第一产业就业的人数也在增加,所以,第一产业为社会就业的贡献为正。这主要与该时期农村人口的自然增长较快而农村劳动力向第二、第三产业转移的规模较小有关。1992 年后,虽然 1997~1998 年和 2000~2012 年第一产业的就业产出弹性为正,其他年份的就业产出弹性值皆为负,且其绝对值明显上升,即虽然第一产业产值在增加,但在第一产业的就业人口却在大幅下降。这意味着 1992 年及以后，第一产业由以前劳动力吸纳产业转变为劳动力释放产业。这主要是因为 20 世纪 90 年代后，随着制度性约束的减弱，原来在第一产业存在的剩余劳动力大量向第二、第三产业转移，且转移的规模逐步扩大；第二产业的就业产出弹性在 1979~2012 年，除个别年份为负值以外，其余年份都为正值。这意味着第二产业的就业人数随其产值的增加而增加，第二产业产出水平的提高为社会创造出了大量的就业机会。在第二产业增加的就业人数，一方面来自城市人口的增加，另一方面来自随着制度性约束的减弱，原来滞留于第一产业的剩余劳动力向第二产业转移。但要注意的是，自 2013 年开始，第二产业的就业产出弹性变为负值，且绝对值相对较大，随着第二产业产值的增加，在第二产业的就业人数却有较大的下降。这意味着 2013 年开始，第二产业由原来的劳动力吸纳产业转变劳动力释放产业；第三产业的就业产出弹性自 1979 年持续为正，说明随着第三产业产值的增加，在第三产业就业的人数也在持续增加，第三产业产出水平的提高为社会创造了大量的就业机会，第三产业一直为我国的劳动力吸纳产业。且 2013 年开始，第三产业的就业产出弹性值较以前有所扩大，表明第三产业对劳动力的吸纳能力较以前有所提高。

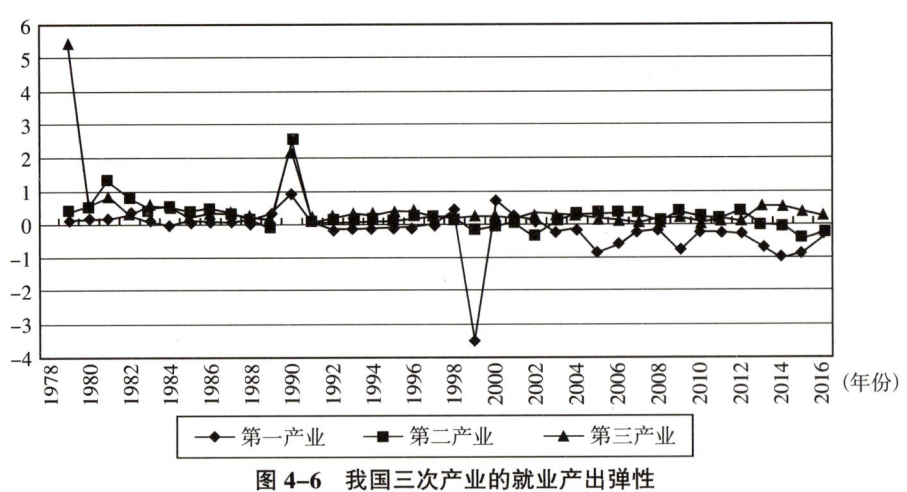

图 4-6 我国三次产业的就业产出弹性

综上所述,从就业产出弹性看,1991年及以前,第一、第二、第三产业都为劳动力的吸纳产业;1992~2012年,第一产业为劳动力的释放产业,第二、第三产业为劳动力的吸纳产业;2013年后,第一、第二产业为劳动力的释放产业,第三产业成为唯一的劳动力吸纳产业。

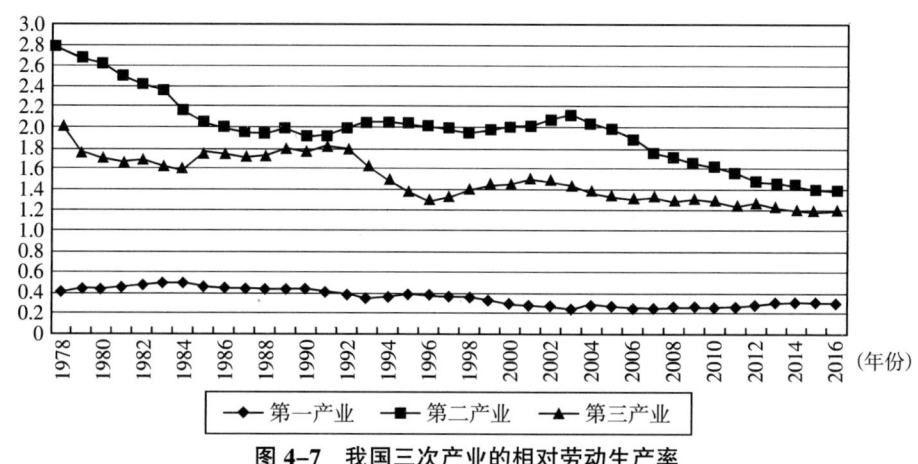

图4-7 我国三次产业的相对劳动生产率

从相对劳动生产率来看,如附表2和图4-7所示,第一产业的相对劳动生产率在改革开放初期由1978年的0.4上升到1984年的0.5,这主要得益于家庭联产承包责任制的实施,农村居民生产积极的大幅提高。但1985年及之后,第一产业的相对劳动生产率呈逐步下降状态,一直下降到2007年的0.25。2008年及之后,第一产业的相对劳动生产率又开始小幅上升,2016年上升至0.31;第二产业相对劳动生产率的变化也大致分为三个阶段:1978~1990年,第二产业的相对劳动生产率呈快速下降状态,从2.75下降到1.91,下降了0.84。1990~2003年,第二产业的相对劳动生产率相对比较稳定,从1.91上升到2.11,只小幅上升了0.2。2003~2016年,第二产业的相对劳动生产率又呈快速下降状态,从2.11快速下降到1.38,下降了0.73;第三产业的相对劳动生产率的变化较为复杂,分为五个阶段:1978~1984年,第三产业的相对劳动生产率呈快速下降状态,从2.02下降到1.59,下降了0.43。1984~1991年,第三产业的相对劳动生产率出现小幅上升，从1.59上升到1.82，只小幅上升了0.23。1991~1996年，第三产业的相对劳动生产率又呈快速下降状态，从1.82快速下降到1.29，下降了0.53。1996~2001年，第三产业的相对劳动生产率又有所上升，从1.29上升到1.49，上升了0.2。2001~2016年，第三产业的相对劳动生产率则呈小幅逐步下降状态，从1.49下降到1.19，下降了0.3。从相对劳动产率的整体情况看，第一产业的相对劳动生产率始终大幅小于1，即第一产业使用了全社会1%的劳动力，但创造的产值大大小于全社会总产值的1%。第二产业和第三产业的相对劳动生产率始终大于1，即第二产业和第三产业虽然也使用了全社会1%的劳动力，但创造的产值都大大高于全社会总产值的1%。从2016年的情况看，第二产业的相对劳动产率在三次产业中最高，第一产业最低，第三产业居中。第一产业的相对劳动生产率仅为0.31，即第一产业使用全社会1%的劳动力仅创造了全社会0.31%的产值，这意味着第一产业的劳动生产率相对于其他产业是非常低的；第二产业的相对劳动生产率为1.38，即第二产业使用全社会1%的劳动力创造了全社会1.38%的产值。第三产业的相对劳动生产率为1.19，即第三产业使用全社会1%的劳动力创造了全社会1.19%的产值。

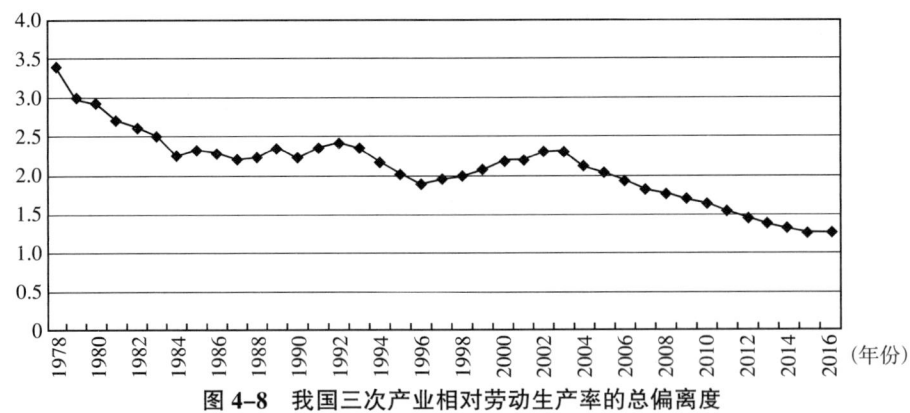

图4-8 我国三次产业相对劳动生产率的总偏离度

综上所述，从改革开放以来各产业相对劳动生产率的变化趋势看，各产业的相对劳动生产率逐渐向1趋近，意味着随着产业结构的变动和就业结构的调整，我国三次产业的就业比重与产值比重在趋于相等。从三次产业相对劳动生产率的总偏离度来看，自1978年以来，我国三次产业相对劳动生产率的总偏离度基本呈持续下降趋势，从1978年的3.37下降到2016年的1.26（见附表2、图4-8）。这意味着随着我国经济的高速增长，在经济结构变化过程中，就业重构与产业结构变动的协调性得到有效提高。但同时也应看到，2016年相对劳动生产率的总偏离度仍远高于0，说明我国就业结构与产业结构仍不相匹配，结构的协调性仍然很低。这主要是因为第一产业的相对劳动生产率远低于1，第二产业的相对劳动生产率远高于1所导致的。

从结构偏离度来看，如附表2和图4-9所示，改革开放以来，第一产业结构偏离度的变化分为五个阶段：1978~1984年，第一产业的结构偏离度从-42.6%迅速上升到-32.3%，绝对值下降了10.3个百分点。1984~1992年，第一产业的结构偏离度从-32.3%小幅下降到-37.1%，绝对值上升了4.78个百分点。1992~1996年，第一产业的结构偏离度从-37.1%上升到-31.1%，绝对值下降了6个百分点。1996~2003年，第一产业的结构偏离度从-31.1%下降到-36.7%，绝对值上升了5.6个百分点。2003~2016年，第一产业的结构偏离度从-36.7%迅速上升到-19.1%，绝对值下降了17.6个百分点；第二产业结构偏离度的变化分为三个阶段：1978~1990年，第二产业的结构偏离度从30.3%快速下降到19.5%，下降了10.8个百分点。1990~2003年，第二产业的结构偏离度相对比较稳定，仅从19.5%小幅上升到23.9%，上升了4.4个百分点。2003~2016年，第二产业的结构偏离度又呈快速下降状态，从23.9%下降到11.1%，下降了12.8个百分点；第三产业结构偏离度的变化也大致分为五个阶段：1978~1983年，第三产业的结构偏离度从12.4%下降到8.9%，下降了3.5个百分点。1983~1992年，第三产业的结构偏离度从8.9%上升到15.8%，上升了6.9个百分点。1992~1996年，第三产业的结构偏离度从15.8%下降到7.6%，下降了8.2个百分点。1996~2002年，第三产业的结构偏离度从7.6%上升到13.7%，上升了 6.1 个百分点。2002~2016 年，第三产业的结构偏离度呈稳步下降状态，从 13.7% 稳步下降到 8.1%，下降了 5.6 个百分点。从结构偏离率的整体情况看，第一产业的结构偏离度始终大幅小于 0，即第一产业的产值比重始终小于其就业比重，这意味着第一产业使用了全社会较多的劳动力却创造了较少的产值。第二产业和第三产业的结构偏离度始终大于 0，即第二产业和第三产业的就业比重始终小于产值比重，这说明第二产业和第三产业使用了全社会较少的劳动力却创造了较多的产值。从 2016 年的情况看，我国第一产业的结构偏离度在三次产业中最高，第二产业居中，第三产业最低。第一产业的结构偏离度为 -19.1%，即第一产业为全社会创造的产值比重比其所使用的劳动力比重低 19.1 个百分点；第二产业的结构偏离度为 11.1%，即第二产业为全社会创造的产值比重比其所使用的劳动力比重高 11.1 个百分点；第三产业的结构偏离度为 8.1%，即第三产业为全社会创造的产值比重比其所使用的劳动力比重高 8.1 个百分点。

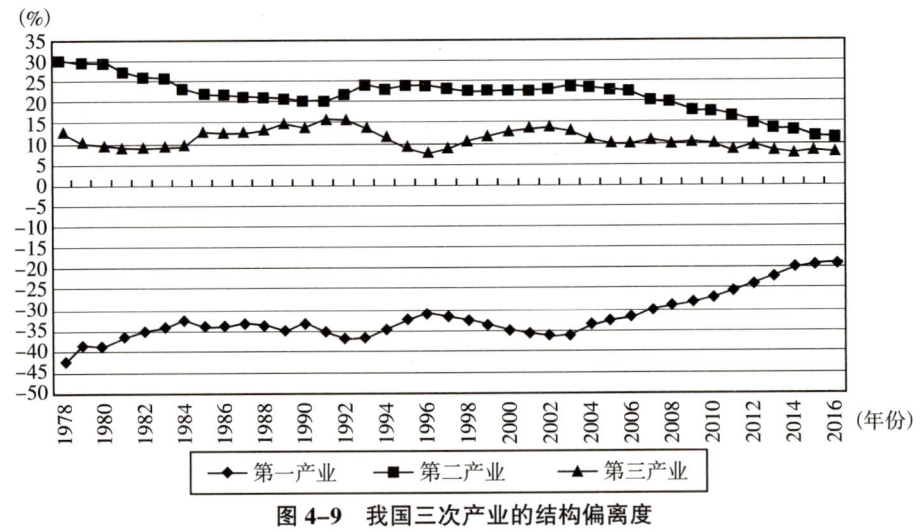

图 4-9 我国三次产业的结构偏离度

综上所述，从改革开放以来三次产业结构偏离度的变化趋势看，各次产业的结构偏离度都在逐渐向 0 趋近，意味着随着产业结构和就业结构的调整，我国各次产业的就业比重与产值比重趋于相等。从多国三次产业的结构总偏离度看，1978年以来，三次产业的结构总偏离度基本呈持续下降趋势，从1978的85.3%下降到2016年的38.3%，如附表2、图4-10所示。这意味着随着我国经济的高速增长，在经济结构变化过程中，就业重构与产业结构变动的协调性得到有效提高。但同时也应看到，2016年三次产业结构的总偏离度仍远高于0，说明我国就业结构与产业结构仍不相匹配，结构的协调性仍然很低。这主要是因为第一产业的结构偏离度远低于0，第二产业的结构偏离度远高于0所导致的。从结构偏离度分析得到的结论与从相对劳动生产率分析得到的结论是一致的。

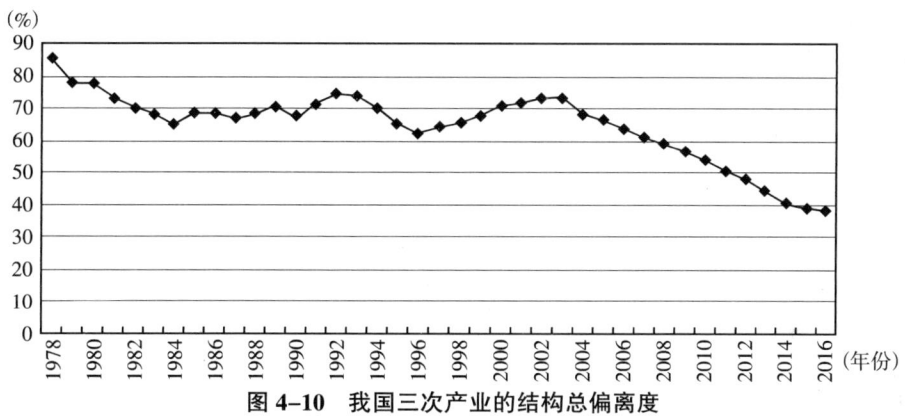

图4-10　我国三次产业的结构总偏离度

第三节　日本就业重构与产业结构变动的协调性与城乡收入差距

一、日本产业结构、就业结构与城乡收入差距的基本状况

经过"二战"之后的恢复，日本经济自1955年之后步入高速增长阶段，这种高速增长一直持续到1990年。1990年之后因股票市场和房地产

市场泡沫的破灭，日本结束了高速增长而步入经济低迷状态。1955~1990年，随着日本经济的高速增长，其产业结构、就业结构及城乡居民收入差距的变化如附表3所示。

1955年之后，日本经济进入高速增长阶段，1955~1990年，GDP年均增长率达到6.3%。但整个高速增长过程又明显地分为两个阶段：第一阶段是1955~1973年，在这近20年当中，日本经济保持了非常高的经济增长率，GDP平均年增长率达到8.4%。之后由于全球原油价格大幅上升所带来的冲击，1974年和1975年，日本经济出现了短期的下滑，但1976年及以后日本经济进入第二阶段（1976~1990年）的高速增长，在这15年当中，GDP平均年增长率虽然低于第一阶段，但也达到4.4%，如附表3、图4-11所示。

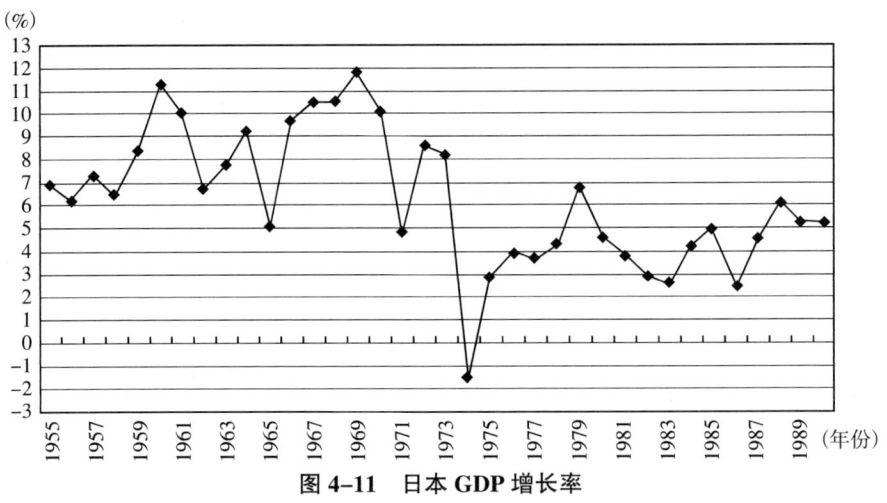

图4-11　日本GDP增长率

在日本经济的高速增长过程中，城乡居民收入差距只是在第一阶段高速增长的初期有所扩大，城市居民人均收入与农村居民人均收入的比率从1955年的1.25∶1上升到1961年的1.52∶1。但在1961年之后的第一阶段高速增长中，城乡居民收入差距迅速缩小，从1961年的1.52∶1迅速下降到1971年的1.06∶1。1972年，日本农村居民的人均收入水平超过城镇居民，城乡居民收入比率为 0.97∶1，即农村居民人均收入比城镇居民高 3 个百分点。1972 年之后，日本城乡居民收入比率进一步下降，在 1976~1990 年第二阶段高速增长过程当中，日本城乡居民收入比率基本稳定在 0.87∶1 左右，即农村居民人均收入水平比城镇居民高 13 个百分点。如附表 3 和图 4-12 所示。

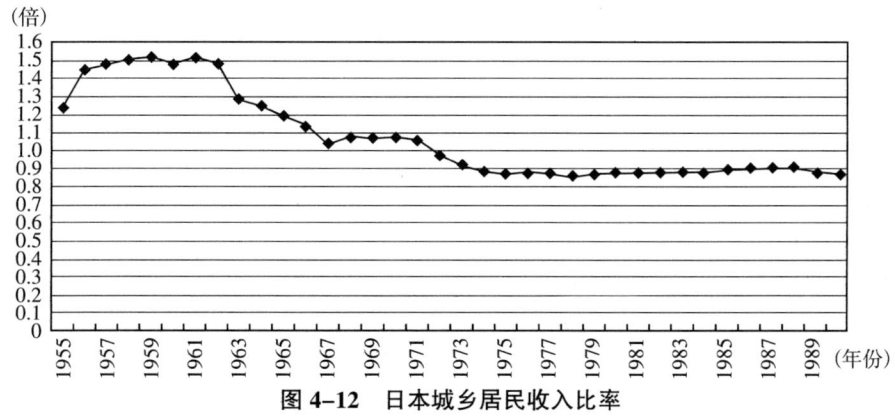

图 4-12　日本城乡居民收入比率

随着日本经济的高速增长，其经济结构也在迅速变化。

从产业结构的变化来看，如附表 3 和图 4-13 所示：在日本经济高速增长的 1955~1990 年，第一产业增加值在 GDP 中的比重一直呈下降趋势，但可分为两个阶段，第一阶段是 1955~1971 年的快速下降阶段，这一阶段第一产业的产值比重从 1955 年的 21.0% 快速下降到 1971 年的 5.5%，17 年当中下降了 15.5 个百分点。第二阶段是 1971 年之后的缓慢下降阶段，这一阶段第一产业的产值比重从 1971 年的 5.5% 缓慢下降到 1990 年的 2.7%，19 年中仅下降了 2.8 个百分点；第二产业的产值比重在经济高速增长的第一阶段呈小幅上升状态，从 1955 年的 39.3% 上升到 1970 年的 48.6%，上升了 9.3 个百分点，之后在经济高速增长的第二阶段呈小幅下降状态，由 1970 年的 48.6% 下降到 1990 年的 43.1%，仅下降了 5.5 个百分点；第三产业的产值比重基本上一直呈上升状态，从 1955 年的 39.7% 上升到 1990 年的 54.2%，上升了 14.5 个百分点。从上述日本产业结构的变动情况看,第二产业的产值比重相对比较稳定,基本处于40%~50%,所以日本经济高增长时期产业结构的变动主要是由于第一产业的产值比重持续下降和第三产业的产值比重持续上升所引起的。受第一产业和第三产业产值比重变化的影响,日本的产业结构从1955~1974年的"二三一"结构转变为1974年后的"三二一"结构。

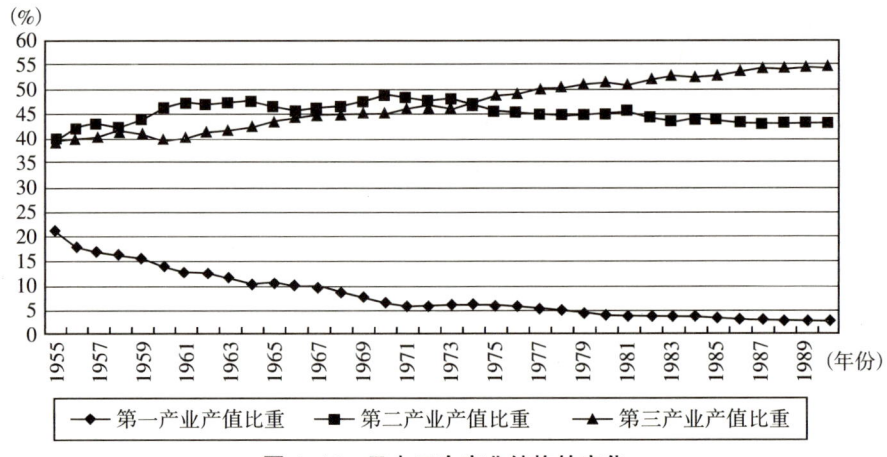

图4-13 日本三次产业结构的变化

在日本经济高速增长时期,产业结构的变动伴随着就业重构。就业重构同样主要表现为,劳动力从农村第一产业流出,向城市第二、第三产业转移,从而使日本的就业结构发生巨大改变。日本就业重构的具体表现如附表3和图4-14所示:第一产业的就业人数占全社会总就业人数比重的变化同第一产业产值比重的变化一样分为两个阶段:1955~1973年呈快速下降阶段,从1955年的37.6%迅速下降到1973年的13.4%,这19年当中下降了24.2个百分点。1973年后呈缓慢下降阶段,从1973年的13.4%缓慢下降到1990年的7.3%,17年中下降了6.1个百分点;第二产业的就业比重变化也分为两个阶段:1955~1973年呈快速上升阶段,第二产业的就业比重从1955年的24.4%迅速下降到1973年的36.6%,这19年当中上升了12.2个百分点。1973年后为基本稳定阶段,第二产业的就业比重从

1973年的36.6%非常缓慢地下降到1990年的33.8%，这17年中仅下降了2.8个百分点；第三产业的就业比重在1955~1990年基本呈直线上升状态，从1955年的38.1%直线上升到1990年的59.0%，36年间上升了20.9个百分点。从上述日本经济高速增长阶段的就业重构状况看，在日本经济高速增长阶段，第三产业的就业比重一直高于第一、第二产业，且呈快速上升趋势，第三产业一直为日本劳动力就业的最重要产业。但由于第一产业的就业比重迅速下降，日本的就业结构在经济高速增长的初期，1955~1960年为"三一二"结构。1960年之后，日本的就业结构转变为"三二一"结构。并且在1976年后的经济高速增长阶段，第二产业的就业比重非常稳定，而第一产业的就业比重仍在缓慢下降，第三产业的就业比重则仍在快速上升，导致第三产业的就业比重远高于第二产业，第二产业的就业比重远高于第一产业。1990年，第三产业的就业达到59.0%，第二产业的就业比重为33.8%，第一产业的就业比重仅为7.3%。

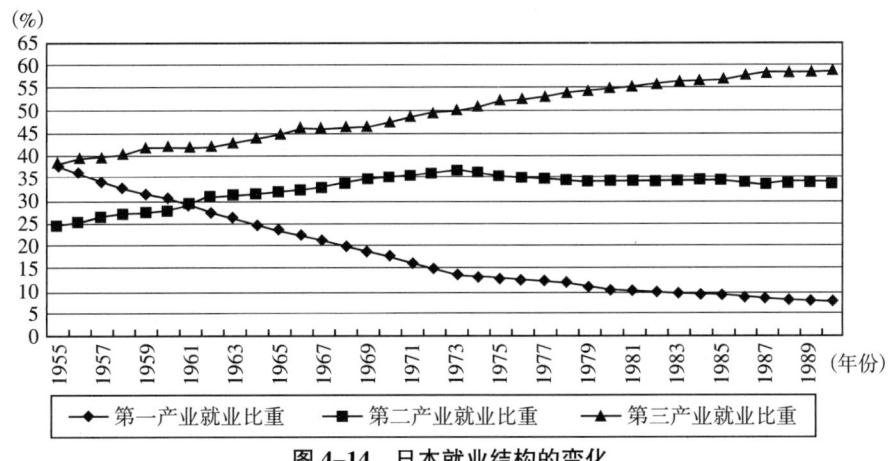

图4-14 日本就业结构的变化

二、日本就业重构与产业结构变动的协调性

日本在经济高速增长时期，随着产业结构的变化和就业重构的进行，日本就业结构与产业结构的协调性如附表4和图4-15、图4-16所示。

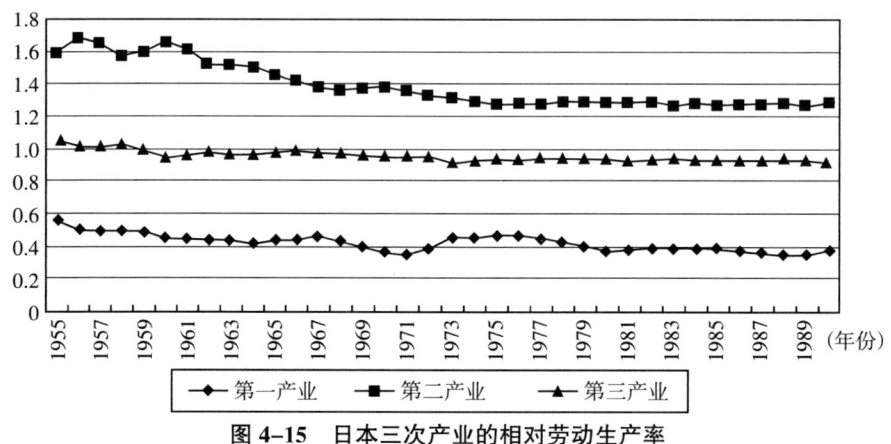

图 4-15　日本三次产业的相对劳动生产率

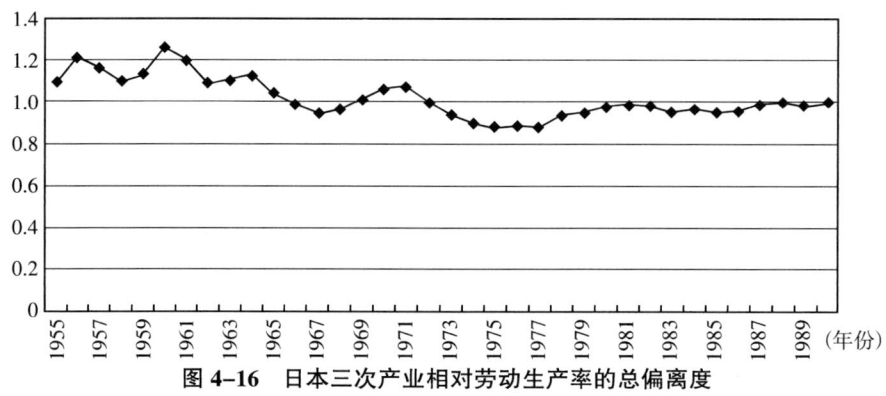

图 4-16　日本三次产业相对劳动生产率的总偏离度

从相对劳动生产率来看，如附表 4 和图 4-15 所示，日本第一产业的相对劳动生产率在经济高速增长的第一阶段呈缓慢下降状态，从 1955 年的 0.56 逐步下降到 1971 年的 0.35，17 年间下降了 0.21。1971~1973 年第一产业的相对劳动生产率从 0.35 上升到 0.46，上升了 0.11。在经济高速增长的第二阶段，第一产业的相对劳动生产率又呈缓慢下降状态，从 1973 年的 0.46 逐步下降到 1990 年的 0.37，17 年间下降了 0.9。但在 20 世纪 80 年代后期，第一产业相对劳动生产率基本稳定，稳定在 0.36 左右；日本第二产业相对劳动生产率的变化可分为三个阶段，第一阶段是 1955~1960 年的 1.56~1.69 呈窄幅波动状态。第二阶段是 1960~1974 年，第二产业的相对劳动生产率呈快速下降状态,从1960年的1.66迅速下降到1974年的1.28,下降了0.38。第三阶段是1974年后的稳定状态,1974年后,日本第二产业的相对劳动生产率基本上稳定在1.28左右;日本第三产业的相对劳动生产率的变化也大致分为两个阶段,第一阶段是1955~1973年,呈小幅下降状态,从1955年的1.04下降到1973年的0.92,下降了0.12。第二阶段是1973年后的稳定状态,1973年后,日本第三产业的相对劳动生产率基本稳定在0.93左右。从相对劳动生产率的整体情况看,日本第一产业的相对劳动生产率始终大幅小于1,即第一产业使用了全社会1%的劳动力,但创造的产值大大小于全社会总产值的1%。第二产业的相对劳动生产率始终远大于1,即第二产业使用了全社会1%的劳动力,但创造的产值却大大高于全社会总产值的1%。第三产业的相对劳动生产率在1955~1958年略大于1,但在1959年及以后都略小于1,即1959年及以后日本第三产业使用了全社会1%的劳动力,但创造的产值略小于全社会总产值的1%。从日本经济高速增长结束的1990年来看,日本第一产业的相对劳动生产率为0.37,即日本第一产业使用全社会1%的劳动力仅创造了全社会0.37%的产值,这意味着第一产业的劳动生产率相对于其他产业是非常低的;第二产业的相对劳动生产率为1.28,即第二产业使用全社会1%的劳动力创造了全社会1.28%的产值。第三产业的相对劳动生产率为0.92,即第三产业使用全社会1%的劳动力创造了全社会0.92%的产值。

综上所述,从各产业相对劳动生产率的变化趋势看,在日本1955~1973年经济高速增长的第一阶段,第一产业的相对劳动生产率小于标准值1,并有所下降,说明第一产业的产业比重越来越小于就业比重。第二产业的相对劳动生产率接近于1,并略有下降,说明第二产业的产值比重基本与就业比重相当。第三产业的相对劳动生产率大于1,并明显下降,说明其第三产业的产值比重高于就业比重,但在明显缩小;而在1976~1990年经济高速增长的第二阶段,各产业的相对劳动生产率都非常稳定,第一产业的相对劳动生产率最低,并且稳定在0.36左右。第二产业的相对劳动生产率最高，并且稳定在1.28左右。第三产业的相对劳动生产率居中，并且稳定在0.93左右。从三次产业相对劳动生产率的总偏离度看，日本在其经济高速增长的第一阶段，三次产业相对劳动生产率的总偏离度基本在波动中呈下降趋势，从1955年的1.06下降到1975年的0.88（见附表4、图4-16）。这意味着随着日本经济高速增长的第一阶段，在经济结构变化过程中，就业重构与产业结构变动的协调性得到有效提高。而在日本经济高速增长的第二阶段，其三次产业相对劳动生产率的总偏离度较小，并且较为稳定，从1975年的0.88小幅上升到1990年的0.99。并且从各产业相对劳动生产率的比较可知，日本在其经济高速增长的第二阶段，就业重构与产业结构变动偏离的主要原因是第一产业的相对劳动生产率低于1，第二产业的相对劳动生产率高于1所导致的。

从结构偏离度上看，如附表4和图4-17所示，日本经济自1955年进入高速增长以后，第一产业结构偏离度的变化分为两个阶段，与日本经济高速增长的两个阶段基本对应：1955~1973年，在日本经济第一阶段的高速增长过程中，第一产业的结构偏离度从-16.6%迅速上升到-7.3%，绝对值下降了9.3个百分点。1973~1990年，在日本经济第二阶段的高速增长过程当中，第一产业的结构偏离度从-7.3%小幅上升到-4.6%，绝对值又下降了2.7个百分点；第二产业结构偏离度的变化也分为三个阶段：第一阶段是1955~1960年，6年间在14.9~18.5呈窄幅波动状态。第二阶段是1960~1975年，第二产业的结构偏离度呈较快下降状态，从1960年的18.5下降到1975年的10.0%，10年间下降了8.5个百分点。第三阶段是1975年后，即在日本经济高速增长的第二阶段，第二产业的结构偏离度较为稳定，从1975年的10.0%小幅下降到1990年的9.3%，15年中仅下降了0.7个百分点；第三产业结构偏离度的变化分为两个阶段，也与日本经济高速增长的两个阶段基本对应：1955~1973年，即在日本经济第一阶段的高速增长过程当中，第三产业的结构偏离度从1.6%下降到-4.0%，18年中下降了5.6个百分点。1973~1990年，即在日本经济第二阶段的高速增长过程中，第三产业的结构偏离度非常稳定，基本从-4.0%小幅下降到-4.8%，绝对值仅上升了0.8个百分点。从结构偏离率的整体情况看，日本第一产业的结构偏离度始终小于0，即第一产业的产值比重始终小于其就业比重，意味着日本第一产业使用了全社会较多的劳动力却创造了较少的产值。第二产业的结构偏离度始终大于0，即第二产业的就业比重始终小于产值比重，意味着第二产业使用了全社会较少的劳动力却创造了较多的产值。第三产业的结构偏离度仅在1955~1958年略大于0，但在1959年及以后都略小于0，即1959年及以后日本第三产业使用了全社会1%的劳动力，但创造的产值略小于全社会总产值的1%。从日本经济高速增长结束的1990年来看，日本第一产业的结构偏离度为-4.6，即第一产业为全社会创造的产值比重比其所使用的劳动力比重低4.6个百分点；第二产业的结构偏离度为9.3%，即第二产业为全社会创造的产值比重比其所使用的劳动力比重高9.3个百分点；第三产业的结构偏离度为-4.8%，即第三产业为全社会创造的产值比重比其所使用的劳动力比重低4.8个百分点。

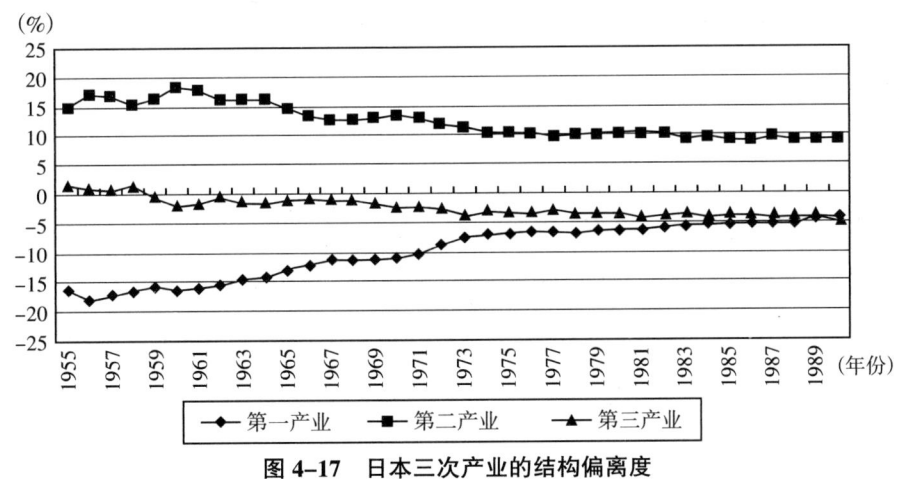

图4-17 日本三次产业的结构偏离度

综上所述，从三次产业结构偏离度的变化趋势看，在日本1955~1973年经济高速增长的第一阶段，第一产业和第二产业的结构偏离度的绝对值都有较大幅度的下降,即第一、第二产业的就业比重与产值比重迅速接近,而第三产业的结构偏离度的绝对值略有上升,即第三产业的就业比重与产值比重的偏差有所扩大。而在1976~1990年经济高速增长的第二阶段,第一产业和第二产业的结构偏离度进一步向0靠近,第三产业的结构偏离度非常稳定。从三次产业的结构总偏离度来看,日本从1955年经济进入高速增长阶段之后,三次产业的结构总偏离度呈迅速下降状态,从1955年的33.1%下降到1986年的18.1%,这意味着日本在这一时期就业重构与产业结构变动的协调性得到有效提高。而在1986年之后,日本三次产业的结构总偏离度基本稳定在18.5%左右(见附表4、图4-18)。并且从各产业的结构偏离度可知,日本在其经济高速增长过程中,就业重构与产业结构变动的偏离的主要原因是第一产业和第三产业的结构偏离度小于0,第二产业的结构偏离度大于0导致的。从结构偏离度分析得到的结论与从相对劳动生产率分析得到的结论基本一致。

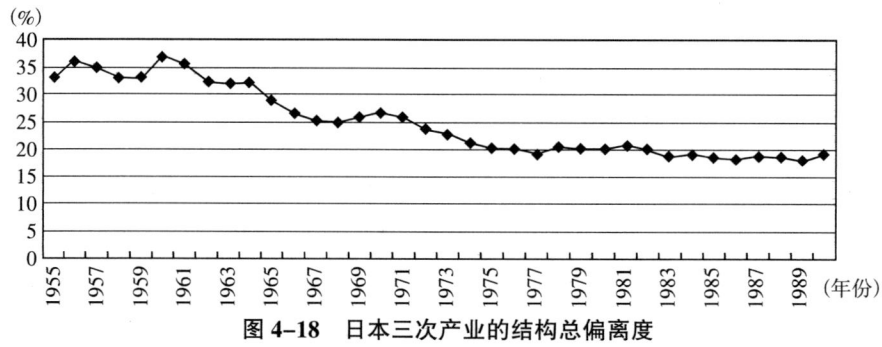

图4-18 日本三次产业的结构总偏离度

第四节 韩国就业重构与产业结构变动的协调性与城乡收入差距

一、韩国产业结构、就业结构与城乡收入差距的基本状况

韩国经济在20世纪60年代进入高速增长阶段,这种高速增长一直持续到20世纪末。1961~2000年,伴随着韩国经济的高速增长,其产业结构、就业结构及城乡居民收入差距的变化如附表5所示。

1961年后,韩国经济进入高速增长状态,除1980受石油冲击的影响、1998年受东南亚金融危机的影响,GDP增长率出现了较大幅度的下降,在其他年份均保持了较高的增长率。1961~2000年,GDP年均增长率为8.6%。但整个高速增长过程又可分为两个阶段:第一阶段是1961~1979年,19年中,韩国经济保持了非常高的经济增长率,GDP平均年增长率达到9.5%;第二阶段是1981~2000年,除去1998年之外,19年中,韩国经济同样保持了非常高的经济增长率,GDP平均年增长率达到8.9%。除去1980年和1998年这两个特殊年份,在1961~2000年,GDP年均增长率达到9.2%。具体如附表5和图4-19所示。

由于无法获得韩国分城乡的居民收入数据,只能在世界收入不平等数据库中找到其不完整年份的基尼系数。因此,本书只能通过基尼系数的变化代表韩国经济在经济高速增长过程当中城乡居民收入差距的变化。其合理性在于,一国城乡居民收入差距的变化是其基尼系数变化的最主要原因。从基尼系数的变化来看,如附表5和图4-20所示:韩国在其经济高速增长的第一阶段,全社会居民收入差距有所扩大。基尼系数从1961年的0.320上升到1980年的0.367,20年中上升了0.047,但未超过0.40的

国际警戒线。这可以从侧面说明，韩国在其经济高速增长的第一阶段，其城乡居民收入差距有所上升。但在其经济高速增长的第二阶段，全社会居民收入差距有所缩小。基尼系数从 1980 年的 0.367 下降到 1997 年的 0.317，下降了 0.05。这可以从侧面说明，韩国在其经济高速增长的第二阶段，其城乡居民收入差距出现了较大幅度的下降。从整个 40 年经济高速增长阶段的前后比较看，1997 年的基尼系数水平略小于 1961 年的水平，所以在韩国经济高速增长的 40 年中，城乡居民收入差距并未扩大，甚至还有所缩小。

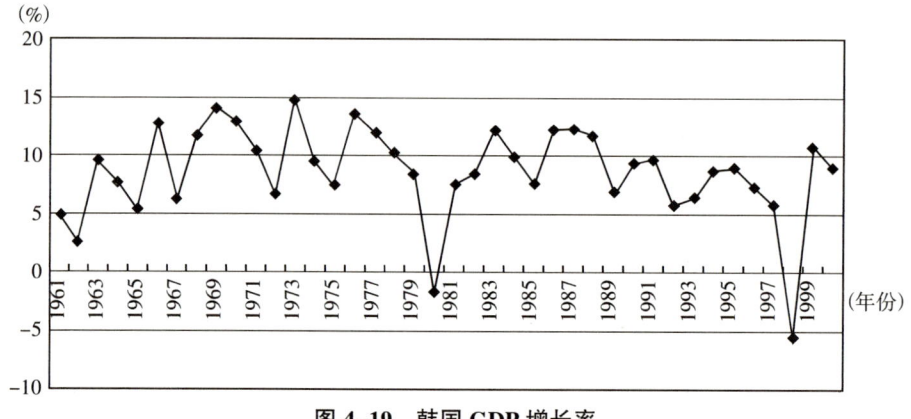

图 4-19 韩国 GDP 增长率

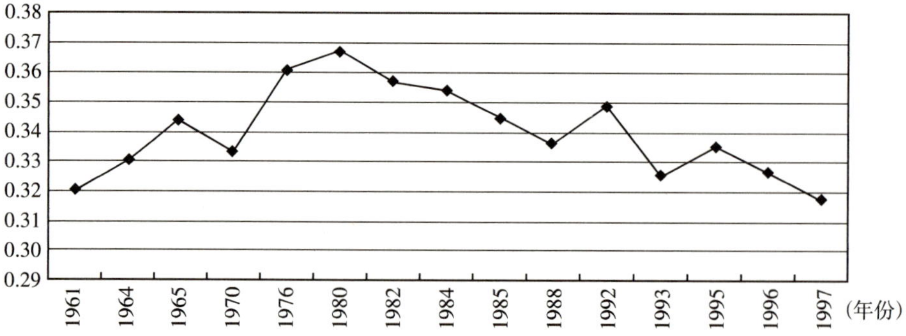

图 4-20 韩国基尼系数

随着韩国经济的高速增长，其经济结构也在迅速变化。

从产业结构的变化来看，如附表 5 和图 4-21 所示：第一产业产值比重在韩国经济高速增长的第一阶段的初期有所上升，从 1961 年的 40.8%上升到 1964 年的 48.3%。但 1964 年后，第一产业的产值比重迅速下降，从 1964 年的 48.3%迅速下降到 1980 年的 15.1%，16 年当中下降了 33.2 个百分点。在经济高速增长的第二阶段，韩国第一产业产值比重仍然持续下降，但下降的速度有所放缓，从 1980 年的 15.1%下降到 2000 年的 4.4%，20 年中下降了 10.7 个百分点。第二产业产值比重的变化基本可以分为两个阶段，第一阶段是 1961~1987 年，这一阶段第二产业产值比重逐年上升，从 1961 年的 18.7%上升到 1987 年的 38.1%，17 年当中上升了 19.4 个百分点。第二阶段是 1987~2000 年，这一阶段第二产业的产值比重处于非常稳定的状态，稳定在 38%左右。而第三产业的产值比重变化较为复杂，可大致分为四个阶段，第一阶段是 1961~1964 年，第三产业产值比重从 40.5%下降到 31.7%，下降了 8.8 个百分点。第二阶段是 1964~1971 年，从 31.7%上升到 48.6%，上升了 16.9 个百分点。第三阶段是 1971~1979 年，这一阶段第三产业产值比重比较稳定，从 48.6%小幅下降到 46.8%，仅下降了 1.8 个百分点。第四阶段是 1979~2000 年，这一阶段第三产业产值比重持续上升，从 1979 年的 46.8%上升 2000 年的 57.5%，21 年中上升了

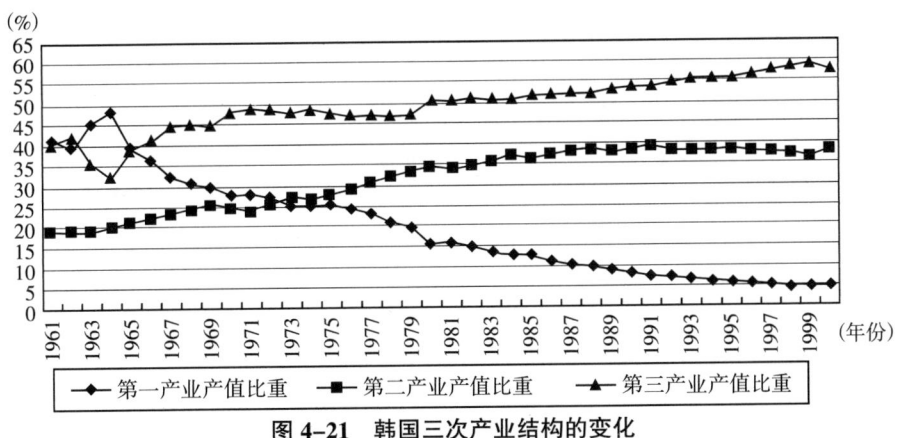

图 4-21 韩国三次产业结构的变化

10.7个百分点。从上述韩国产业结构的变动情况看，第一产业的产值比重在20世纪60年代初期有所上升，但60年代中期以后，基本呈持续下降状态。第二产业产值比重在20世纪60~80年代基本呈持续上升状态，在90年代处于稳定状态。第三产业产值比重在20世纪60年代初期有所下降，60年代中期以后，基本呈持续上升状态。从相对比重来看，韩国的产业结构在60年代中期至70年代初期为"三一二"结构，1973年后变为"三二一"结构。

在韩国经济高速增长时期，产业结构的变动同样伴随着就业重构。就业重构同样主要表现为，劳动力从农村第一产业流出，向城市第二、第三产业转移，从而使韩国的就业结构发生了巨大改变。韩国就业重构的具体表现如附表5和图4-22所示：第一产业的就业人数占全社会总就业人数的比重从1972年开始几乎呈直线下降状态，从1972年的50.6%持续下降到1996年的11.7%，24年中下降了38.9个百分点。1996年之后较为稳定，2000年第一产业的就业比重为10.6%；第二产业的就业比重从1972~1991年基本呈上升状态，从1972年的18.3%上升到1991年的35.6%，上升了17.3个百分点。1991~1998年呈下降状态，从35.6%下降到27.8%，下降了7.8个百分点。1998~2000年呈稳定状态，稳定在28%左右；第三

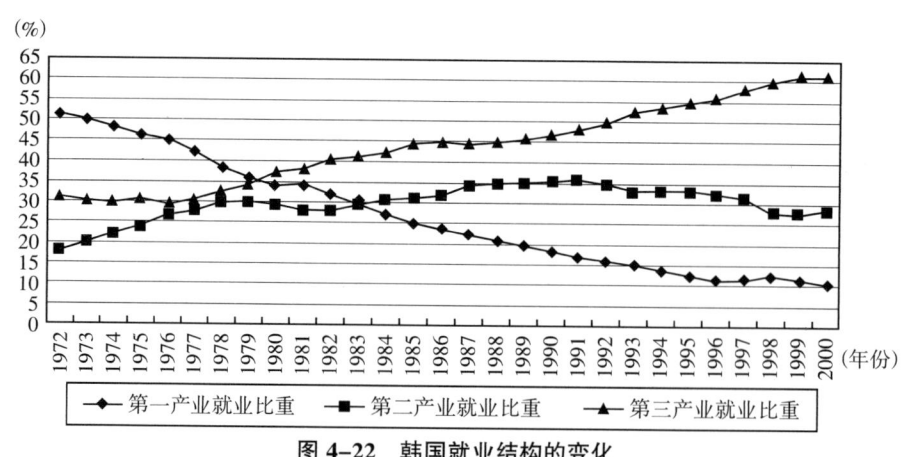

图4-22 韩国就业结构的变化

产业的就业比重在 1972~1976 年比较稳定，稳定在 30% 左右。1976 年之后，第三产业就业比重基本呈持续上升状态，从 1976 年的 29% 上升到 2000 年的 61.2%，25 年中上升了 32.2 个百分点。从上述韩国经济高速增长时期的就业重构状况看，在韩国经济高速增长时期，第一产业的就业比重呈快速下降的状态，第二产业的就业比重呈先上升后下降的状态，第三产业的就业比重基本呈上升状态。在 20 世纪 80 年代之前，韩国的就业结构为"一三二"结构，到 80 年代中期以后转变为"三二一"结构。2000 年，韩国第三产业的就业比重高达 61.2%，第二产业的就业比重为 28.1%，第一产业的就业比重只有 10.6%。

二、韩国就业重构与产业结构变动的协调性

韩国在经济高速增长时期，随着产业结构的变化和就业重构的进行，其就业结构与产业结构的协调性如附表 6 和图 4-23~图 4-26 所示。

从相对劳动生产率来看，如附表 6 和图 4-23 所示，韩国第一产业的相对劳动生产率在经济高速增长时期呈阶梯式变化，在 20 世纪 70 年代稳定在 0.53~0.55，80 年代稳定在 0.45~0.55，90 年代稳定在 0.41~0.45；第二产业的相对劳动生产率变化相对较为复杂，大致可以分为四个阶段：第一阶段是 1972~1976 年，第二产业相对劳动生产率呈下降趋势，从 1.34 下降到 1.10，5 年中下降了 0.24。第二阶段是 1976~1982 年，第二产业相对劳动生产率呈上升趋势，从 1.10 上升到 1.23，6 年中上升了 0.13。第三阶段是 1982~1989 年，第二产业相对劳动生产率呈下降趋势，从 1.23 下降到 1.08，7 年中下降了 0.15。第四阶段是 1989~2000 年，第二产业相对劳动生产率又呈上升趋势，从 1.08 上升到 1.36，11 年中上升了 0.28；第三产业的相对劳动生产率在 20 世纪 70 年代中期以前较稳定，稳定在 1.55~1.63。但自 1976 年开始，第三产业相对劳动率呈持续下降趋势，从 1976 年的 1.61 持续下降到 2000 年的 0.94。从相对劳动生产率的整体情况看，韩国第一产业的相对劳动生产率始终大幅小于 1，即第一产业使用了全社

会1%的劳动力，但创造的产值大大小于全社会总产值的1%，并且第一产业的相对劳动生产率与标准值1的偏差在变大。第二产业的相对劳动生产率始终远大于1，即第二产业使用了全社会1%的劳动力，但创造的产值都大大高于全社会总产值的1%，并且在20世纪七八十年代第二产业相对劳动生产率与标准值1的距离在缩小，但进入90年代后，与标准值1的距离在变大。第三产业的相对劳动生产率在七八十年代和90年代中期以前虽然大于1，即第三产业使用了全社会1%的劳动力创造的产值高于全社会总产值的1%，但在这一时期，第三产业的相对劳动生产率在逐步下降，向标准值1逐步靠近。而在90年代后期，第三产业的相对劳动生产率小于1，即第三产业使用了全社会1%的劳动力创造的产值低于全社会总产值的1%，并且仍然在持续下降，与标准值1的距离又开始逐步变大。从韩国经济高速增长结束的2000年来看，韩国第一产业的相对劳动生产率为0.41，即韩国第一产业使用全社会1%的劳动力仅创造了全社会0.41%的产值。这意味着第一产业的相对劳动生产率相对于第二、第三产业是比较低的；第二产业的相对劳动生产率为1.36，即第二产业使用全社会1%的劳动力创造了全社会1.36%的产值。这意味着第二产业的相对劳动生产率相对于第一、第三产业是最高的；第三产业的相对劳动生产率为0.94，即第三产业使用全社会1%的劳动力创造了全社会0.94%的产值。

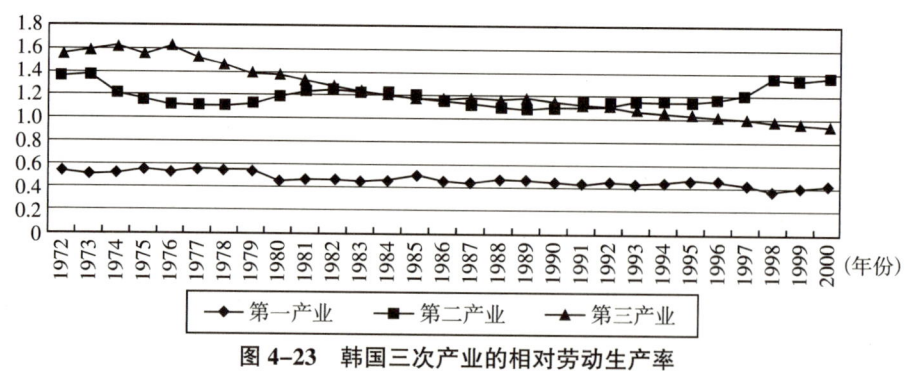

图4-23 韩国三次产业的相对劳动生产率

综上所述，从各产业相对劳动生产率的变化趋势看，韩国在经济调整增长过程中，在20世纪70年代，第一产业的相对劳动生产率比较稳定，稳定在0.55左右，第二、第三产业的相对劳动生产率虽然大于0，但明显下降。而在80年代，各产业的相对劳动生产率都比较稳定，第一产业稳定在0.46左右，第二产业稳定在1.15左右，第三产业稳定在1.2左右。在90年代，第一产业的劳动相对生产率仍然比较稳定，第二产业的劳动相对生产率有所上升，第三产业的劳动相对生产率有所下降。从三次产业相对劳动生产率的总偏离度来看，韩国在其经济高速增长期间，三次产业相对劳动生产率的总偏离度基本呈下降趋势，从1972年的1.37持续下降到1996年的0.71（见附表6、图4-24）。这意味着随着韩国经济的高速增长，在经济结构变化过程中，就业重构与产业结构变动的协调性得到有效提高。而在1996年之后其三次产业相对劳动生产率的总偏离度又有较明显的上升，从1996年的0.71上升到2000年的1.00，就业重构与产业结构变动的协调性有所下降。

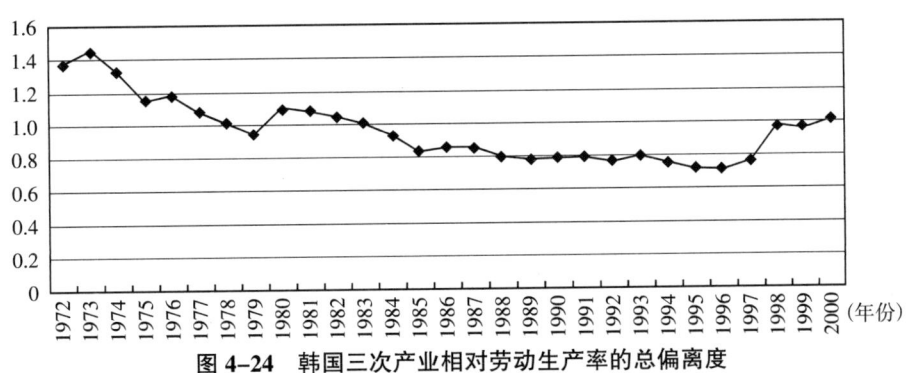

图4-24 韩国三次产业相对劳动生产率的总偏离度

从结构偏离度上看，如附表6和图4-25所示，韩国经济进入高速增长以后，第一产业的结构偏离度基本是逐步向标准值0靠近的，从1972年的-23.6%逐步上升到2000年的-6.2，绝对值下降了17.4个百分点；第二产业结构偏离度的变化较为复杂，可分为四个阶段：第一阶段是1972~1976年，这5年间第二产业的结构偏离度呈下降状态，从1972年的6.3%

下降到 1976 年的 2.7%，下降了 3.6 个百分点。第二阶段是 1976~1983 年，这 7 年间第二产业的结构偏离度呈上升状态，从 1976 年的 2.7% 上升到 1983 年的 6.5%，上升了 2.8 个百分点。第三阶段是 1983~1989 年，6 年间第二产业的结构偏离度呈下降趋势，从 1983 年的 6.5% 下降到 1989 年的 2.7%，下降了 3.8 个百分点。第四阶段是 1989~2000 年，这 11 年间第二产业的结构偏离度呈上升趋势，从 1989 年的 2.7% 上升到 2000 年的 10.0%，上升了 7.3 个百分点；第三产业结构偏离度从 1972 年的 17.3% 基本一直呈下降趋势，在 1997 年达到标准值 0，但 1997 年，第三产业的结构偏离度仍处于下降趋势，到 2000 年为 -3.7%。从结构偏离度的整体情况看，韩国第一产业的结构偏离度始终小于 0，即第一产业的就业比重始终大于其产值比重，意味着日本第一产业使用全社会较多的劳动力却创造了较少的产值。第二产业结构偏离度始终大于 0，即第二产业的产值比重始终大于其就业比重，这意味着第二产业使用了全社会较少的劳动力，但却创造了较多的产值。第三产业的结构偏离度在 1997 年之前大于 0，而在 1997 年之后小于 0，意味着 1997 年之前韩国第三产业的产值比重高于就业比重，即第三产业在 1997 年之前使用了全社会较少的劳动力创造了较多的产值，而在 1997 年后，韩国第三产业的就业比重高于产值比重，即第三产业在 1997 年后使用全社会较多的劳动力创造了较少的产值。从韩

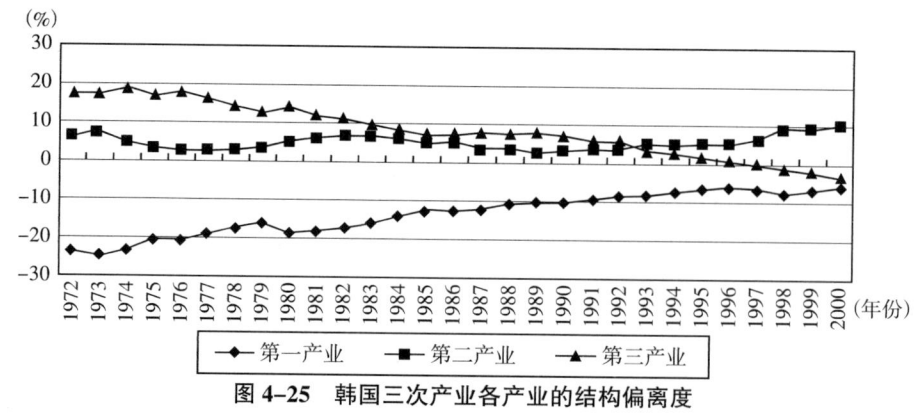

图 4-25　韩国三次产业各产业的结构偏离度

国在高速增长阶段结束的 2000 年的情况看，韩国第一产业的结构偏离度为 -6.2，即第一产业为全社会创造的产值比重比其所使用的劳动力比重低 6.2 个百分点；第二产业的结构偏离度为 10.0%，即第二产业为全社会创造的产值比重比其所使用的劳动力比重高 10.0 个百分点；第三产业的结构偏离度为 -3.7%，即第三产业为全社会创造的产值比重比其所使用的劳动力比重低 3.7 个百分点。

综上所述，从三次产业结构偏离度的变化趋势看，韩国 1961~2000 年经济高速增长过程中，1997 年前，第一产业和第三产业的结构偏离度的绝对值都在大幅下降，都在向标准值 0 迅速接近，而第二产业的结构偏离度相对比较稳定。1997 年后，第二产业和第三产业结构偏离度的绝对值有所扩大，偏离标准值 0 的幅度在上升，而第一产业结构偏离度的绝对值则比较稳定。从三次产业结构的总偏离度看，韩国从 1960 年经济进入高速增长阶段之后，三次产业结构的总偏离度呈迅速下降状态，从 1972 年的 47.2% 下降到 1996 年的 12.4%，这意味着韩国在这一时期其就业重构与产业结构变动的协调性得到有效提高。1996 年后，三次产业结构的总偏离度又有所上升，从 1996 年的 12.4% 上升到 2000 年的 19.9%，意味着 20 世纪 90 年代后期，韩国就业重构与产业结构变动的协调性有所下降（见附表 6、图 4-26）。从结构偏离度分析所得到的结论与相对劳动生产率分析得到的结论是一致的。

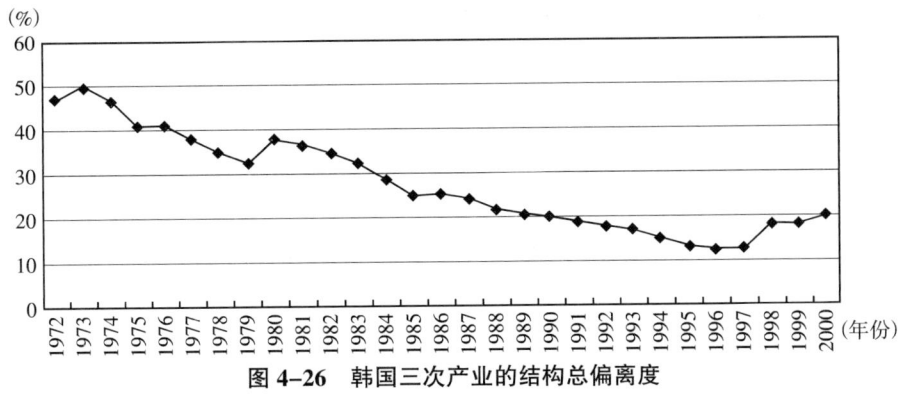

图 4-26　韩国三次产业的结构总偏离度

第五节 中日韩经济高增长时期城乡收入差距比较

如前文所述,我国经济在 1978~2013 年经历了 36 年的高速增长,GDP 年均增长率为 9.9%。日本经济在 1955~1990 年经历了 36 年的高速增长,GDP 年均增长率为 6.3%,并且在日本经济高速增长的第一阶段(1955~1973 年)GDP 年均增长率更是达到 8.4%。韩国经济在 1961~2000 年经历了 40 年的高速增长,除去 1980 年和 1998 年这两个特殊年份,GDP 年均增长率为 9.2%,并且在韩国经济高速增长的第一阶段(1961~1979 年)GDP 年均增长率达到 9.5%。虽然中国、日本、韩国三个国家从不同年份开始,都经历了 30 多年的高速增长,但在经济高速增长的过程中,城乡居民收入差距的变化却大不相同。

日本在高速增长的初期,即在 1962 年以前,城镇居民人均收入稳定在农村居民人均收入的 1.5 倍左右,但在 1962 年之后,农村居民人均收入水平的增长速度明显高于城镇居民人均收入的增长速度,从而城乡居民收入差距迅速缩小。自 1972 年之后,日本农村居民人均收入水平超过城镇居民,到其经济高速增长结束的 1990 年,城镇居民人均收入为农村居民人均收入的 87%,农村居民人均收入比城镇居民人均收入高 13 个百分点。从韩国基尼系数的变化来看,在韩国经济高速增长的第一阶段,1961~1980 年,基尼系数有所扩大,从 0.320 上升到 0.367,说明这一时期的城乡居民收入差距有所扩大。但在经济高速增长的第二阶段,1980~2000 年,基尼系数明显缩小,从 1980 年的 0.367 下降到 1997 年的 0.317,说明这一时期的城乡居民收入差距明显缩小。并且比较其经济高速增长的开始年份和结束年份,经济高速增长结束时的基尼系数为 0.317,低于经济高速增长开始时的 1961 年的 0.320，即在韩国整个经济高速增长的过程中，韩国城乡居民收入差距不仅没有扩大反而有所缩小。但我国 1978~2013 年同样经历了 30 多年的经济高速增长，但只有改革开放初期因农村家庭联产承包责任制的实施，城乡居民收入差距有所缩小，自 1983 年之后，城乡居民收入比率在 1.83∶1 这一非常大的差距的基础上又迅速扩大，到 2009 年达到 3.33∶1，虽然之后有所缩小，但在 2013 年，城乡居民收入比率仍高达 2.81∶1。所以在我国经济高速增长过程中，城乡居民收入差距的变化与日本和韩国完全相反，我国城乡居民收入差距随着经济的高速增长迅速扩大，成为全球城乡居民收入差距最大的国家之一。

第六节 中日韩经济高增长时期就业重构与产业结构变动协调性比较

如前文所述，在一个国家，产业结构变动与就业重构会对城乡居民收入差距产生重要影响。日本、韩国和中国在经济高速增长时期，产业结构变动与就业重构的共同之处在于变动的趋势，第一产业的产值比重和就业比重都发生了大幅下降，第三产业的产值比重和就业比重都发生了大幅上升，第二产业的产值比重和就业比重在经济高速增长的前半期都在逐年上升，而在经济高速增长的后半期都趋于稳定甚至下降。我国与日本和韩国就业重构与产业结构变动的不同之处在于，一是变动的速度或幅度，二是变动过程之中及之后的就业结构与产业结构的协调性。

一、中日韩就业重构与产业结构变动的速度或幅度比较

从三个国家就业重构与产业结构变动的速度或幅度来看：

首先看第一产业：日本第一产业的产值比重从 1955 年经济高速增长之

初的21.0%下降到1990年经济高速增长结束时的2.7%，相应的就业比重从37.6%下降到7.3%；韩国第一产业的产值比重从1961年经济高速增长之初的40.8%下降到2000年经济高速增长结束时的4.4%。相应的就业比重从1972年的50.6%下降到2000年的10.6%；而中国第一产业的产值比重从1978年经济高速增长之初的27.9%下降到2016年的8.6%，相应的就业比重从70.5%下降到27.7%。因此，从第一产业来看，日本在经济高速增长之初，第一产业的产值比重和就业比重就不高，并且经过经济高速增长之后，第一产业的产值比重只有2.7%，就业比重只有7.3%。韩国经过经济高速增长之后，第一产业的产值比重只有4.4%，就业比重只有10.6%；而中国经过经济高速增长之后，第一产业的产值比重为8.6%，而就业比重却高达27.7%。

其次看第二产业：日本第二产业的产值比重从1955年经济高速增长之初的39.3%上升到1990年经济高速增长结束时的43.1%，相应的就业比重从24.4%上升到33.8%；韩国第二产业的产值比重从1961年经济高速增长之初的18.7%上升到2000年经济高速增长结束时的38.1%，相应的就业比重从1972年的18.3%下降到2000年的28.1%；而中国第二产业的产值比重从1978年经济高速增长之初的47.6%下降到2016年的39.9%，相应的就业比重从17.3%上升到28.8%。因此，从第二产业来看，日本在经济高速增长过程中，第二产业的产值比重只有小幅的上升而就业比重则有较大幅度的上升，在经济高速增长结束时，第二产业的产值比重为43.1%，就业比重只有38.8%；韩国经过经济高速增长过程中，第二产业的产值比重和就业比重均有大幅上升，在经济高速增长结束时，第二产业的产值比重为38.1%，就业比重为28.1%；而中国在经济高速增长过程中，第二产业的产值比重有所下降，就业比重则有所上升。2016年，第二产业的产值比重为39.9%，就业比重为28.8%，与韩国2000年的状况基本相当，但低于日本的产值比重和就业比重。

最后看第三产业：日本第三产业的产值比重从1955年经济高速增长之

初的39.7%上升到1990年经济高速增长结束时的54.2%，相应的就业比重从38.1%上升到59.0%；韩国第三产业的产值比重从1961年经济高速增长之初的40.5%上升到2000年经济高速增长结束时的57.5%，相应的就业比重从1972年的31.0%上升到2000年的61.2%；而中国第三产业的产值比重从1978年经济高速增长之初的24.5%上升到2016年的51.6%，相应的就业比重从12.2%上升到43.5%。因此，从第三产业看，日本与韩国的情况较为一致，在经济高速增长过程中，日本与韩国第三产业的产值比重和就业比重的起始水平和最后水平差别不大，产业比值都从40%左右上升到55%左右，就业比重都从30%多上升到60%左右；而中国不仅在经济高速增长之初，第三产业的产值比重和就业比重都非常低，并且到2016年，第三产业的产值比重也只有51.6%，明显低于日本和韩国；就业比重也只有43.5%，同样明显低于日本和韩国。

二、中日韩就业重构与产业结构变动协调性比较

首先从三个国家各产业相对劳动生产率来看三个国家在经济高速增长过程中的就业重构与产业结构变动的协调性：

从各产业的相对劳动生产率的比较来看，在经济高速增长之初，日本（1955年）第一产业的相对劳动生产率为0.56、第二产业为1.61、第三产业为1.04。韩国（1972年）第一产业的相对劳动生产率为0.53、第二产业为1.34、第三产业为1.56。我国（1978年）第一产业的相对劳动生产率为0.40、第二产业为2.75、第三产业为2.02。因此，在经济高速增长之初，我国第一产业的相对劳动生产率是远低于日本和韩国的，并且远低于1的标准值，第二产业和第三产业的相对劳动生产率远高于日本和韩国，并且远高于1的标准值；在经济高速增长结束之时，日本（1990年）第一产业的相对劳动生产率为0.37、第二产业为1.28、第三产业为1.19。韩国（2000年）第一产业的相对劳动生产率为0.41、第二产业为1.36、第三产业为0.94。我国（2016年）第一产业的相对劳动生产率为0.31、第二产业

为1.38、第三产业为1.19。因此，在经济高速增长之后，我国第一产业的相对劳动生产率仍然远低于日本和韩国，并且远低于1的标准值，第二产业和第三产业的相对劳动生产率同样仍然远高于日本和韩国，并且远高于1的标准值。

其次从相对劳动生产率总偏离度的比较看。如附表7和图4-27所示，从变化趋势上看，三个国家相对劳动生产率的总偏离度从整体上都呈下降趋势，这意味着三个国家在经济高速增长过程中就业重构与产业结构变动的协调性都是在上升的。只有韩国在20世纪末的协调性有所下降。但从数值比较上看，在经济高速增长之初，日本相对劳动生产率的总偏离度最低，只有1.09；韩国居中，只有1.37；我国最高，高达3.37。在经济高速增长之后，日本相对劳动生产率的总偏离度仍然最低，只有0.99；韩国仍然居中，只有1.00；我国仍然最高，高达1.26。通过这些比较可以看出，日本和韩国在经济高速增长过程中，其三次产业产值结构与就业结构的联动机制很好，就业结构能够及时随产值结构的变动而变动，各产业的就业比重与产值比重的偏差很小，其就业重构与产业结构变动保持了很高的协调性。我国在经济高速增长之后的相对劳动生产率总偏离度却高于日本在经济高速增长之初的相对劳动生产率的总偏离度，与韩国20世纪70年代前半期的相对劳动生产率的总偏离度相当。这说明我国在经济高速增长过

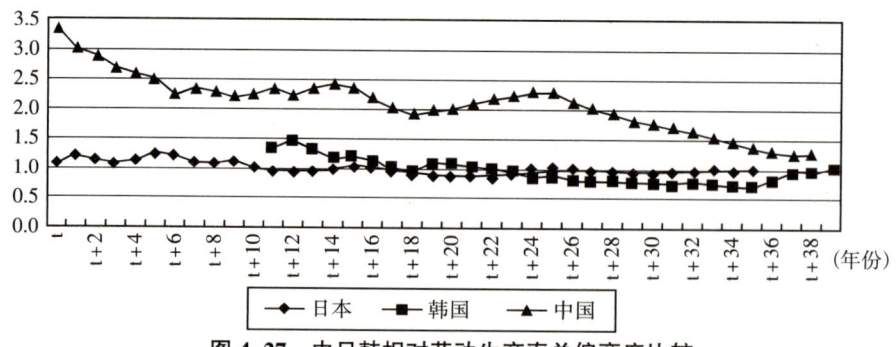

图4-27 中日韩相对劳动生产率总偏离度比较

注：日本的t为1955年，韩国的t为1961年，中国的t为1978年。

程中，虽然就业重构与产业结构变动的协调性有较大幅度的提高，但三次产业的就业结构与产值结构仍然存在较大的偏差，就业重构与产业结构变动的协调性仍然是很低的。

最后从三个国家各产业结构偏离度来看三个国家在经济高速增长过程中的就业重构与产业结构变动的协调性：

从各产业的结构偏离度的比较来看。在经济高速增长之初，日本（1955年）第一产业的结构偏离度为-16.6%；第二产业为14.9%；第三产业为1.6%。韩国（1972年）第一产业的结构偏离度为-23.6%；第二产业为6.6%；第三产业为17.3%。我国（1978年）第一产业的结构偏离度为-42.6%；第二产业为30.3%；第三产业为12.4%。因此，在经济高速增长之初，我国第一产业和第二产业的结构偏离度远远高于日本和韩国，并且结构偏离度的绝对值远远大于0的标准值，第三产业的结构偏离度虽然略低于韩国，但远高于日本，并且远高于0的标准值；在经济高速增长结束之时，日本（1990年）第一产业的结构偏离度为-4.6%、第二产业为9.3%、第三产业为-4.8%。韩国（2000年）第一产业的结构偏离度为-6.2%、第二产业为10.0%、第三产业为-3.7%。我国（2016年）第一产业的结构偏离度为-19.1%、第二产业为11.1%、第三产业为8.1%。因此，在经济高速增长之后，我国第一产业的结构偏离度的绝对值不仅远远高于日本和韩国经济高速增长之后的水平，甚至处于日本和韩国在经济高速增长之初的水平，并且远高于0的标准值，第二产业和第三产业的结构偏离度在经济高速增长之后仍然远高于日本和韩国，并且远高于0的标准值。

从结构总偏离度的比较看。如附表7和图4-28所示，从变化趋势上看，三个国家的结构总偏离度从整体上都呈下降趋势，这意味着三个国家在经济高速增长过程中就业重构与产业结构变动的协调性是上升的。只有韩国在20世纪末的协调性有所下降。但从数值上看，在经济高速增长之初，日本的结构总偏离度最低，只有33.1%；韩国居中，为47.2%；而我国最高，高达85.3%。在经济高速增长之后，日本的结构总偏离度仍然最低，只有18.7%；韩国仍然居中，为19.9%；我国仍然最高，高达38.3%。通过这些比较可以看出，日本和韩国在经济高速增长过程中，其三次产业产值结构与就业结构的联动机制很好，就业结构随产值结构的变化而变化，各产业就业比重与产值比重的偏差很小，其就业重构与产业结构变动保持了很高的协调性。我国在经济高速增长之后的结构总偏离度却高于日本在经济高速增长之初的结构总偏离度，与韩国经济高速增长中期1980年的结构总偏离度相当。这说明我国在经济高速增长过程中，虽然结构总偏离度有较大幅度的下降，就业重构与产业结构变动的协调性有较大幅度的提高，但三次产业的就业结构与产值结构仍然存在较大的偏差，就业重构与产业结构变动的协调性仍然是很低的。

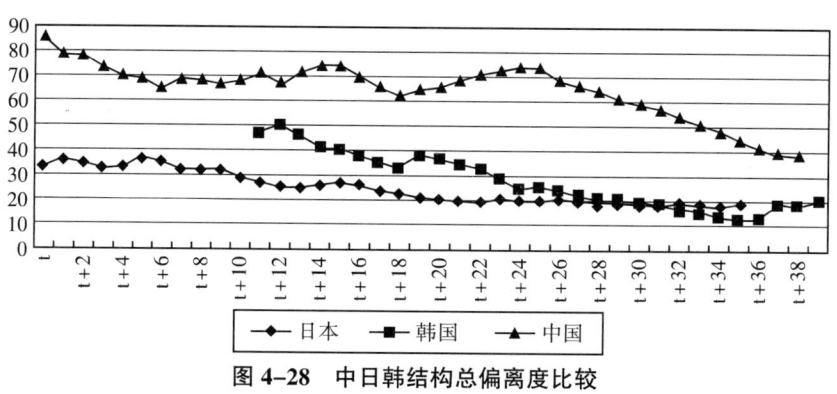

图4-28 中日韩结构总偏离度比较

从上述相对劳动生产率总偏离度和结构总偏离度的比较看，虽然我国与日本和韩国都经历了30多年的经济高速增长，但在经济高速增长过程中就业重构与产业结构变动的协调性存在极大的差别。日本与韩国在经济高速增长之初就业结构与产业结构存在一定的偏离，但在经济高速增长过程中，就业结构与产业结构的协调性得到有效的提高。虽然我国在经济高速增长过程中就业结构与产业结构的协调性也有所提高，但就业结构与产业结构仍存在非常大的偏离。无论从相对劳动生产率的总偏离度看，还是从结构总偏离度看，我国在经济高速增长之后的就业重构与产业结构变动的协调性仍低于日本和韩国在经济高速增长之初的协调性。其主要的原因是，在日本和韩国的经济高速增长过程中，由于农村剩余劳动力能够顺利地转移到第二、第三产业，随着第一产业产值比重的迅速下降，其就业比重也迅速下降。因而日本和韩国在经济高速增长过程中，其就业重构与产业结构变动的协调性很高。而我国由于种种原因，农村剩余劳动力不能顺利地转移到第二、第三产业，虽然第一产业的产值比重在迅速下降，但仍然有大量农村剩余劳动力滞留于农村，致使第一产业的就业比重仍然大大高于第一产业的产值比重，第一产业就业结构调整的滞后，导致我国就业重构与产业结构变动的协调性很低。

三、中日韩工业化进程的阶段性比较

前文已经比较了我国与日本和韩国就业重构与产业结构变动的协调性。这里单纯从城镇化率来看，如附表 8 和图 4-29 所示，日本在 20 世纪 50 年代中期进入经济高速增长的时候城镇化率就已经高于 60%，到 70 年代中期已经高于 75%。而韩国虽然在 20 世纪 60 年代进入经济高速增长的时候城镇化率比较低，1960 年城镇化率只有 27.7%，但进入经济高速增长

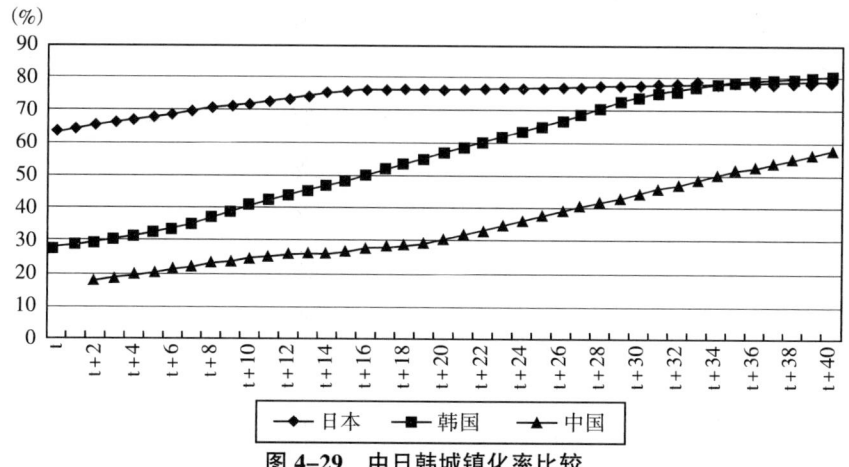

图 4-29 中日韩城镇化率比较

注：日本和韩国的 t 年为 1960 年，中国的 t 年为 1976 年。

之后，随着农村劳动力的转移，第一产业就业比重的下降，城镇化率迅速提高，到 20 世纪 80 年代初达到 60%，到 90 年代初超过 75%。而我国的城镇化在 1978 年为 17.9%，起点最低，之后随着农村劳动力的转移，第一产业就业比重的下降，我国城镇化率也在迅速提高，但城镇化的速度远远低于第一产业就业比重下降的速度，更低于第一产业产值比重下降的速度。到 2016 年，我国城镇化率只有 57.4%，即农村人口比重为 42.6%，而第一产业的就业比重却为 27.7%，第一产业的产值比重却只有 8.6%。

经济高速增长的过程是工业化程度不断提高的过程，在不同的工业化阶段，产业结构与就业结构以及城市化率具有规律性特征。根据陈佳贵等（2007）的研究结果，工业化进程分为前工业化时期、工业化初期、工业化中期、工业化后期、后工业化时期五个阶段。一个国家的经济发展处于工业化进程的哪一个阶段主要通过三次产业的产值结构即产业结构、就业结构和城镇化率进行判断。产业结构、就业结构和城镇化率在工业化不同阶段的标志值如表 4-1 所示。

表 4-1 工业化不同阶段的标志值

工业化阶段	三次产业产值结构（产业结构）	第一产业就业比重（就业结构）	城镇化率
前工业化时期	A>40%，A>I>S	>60%	<30%
工业化初期	A<40%，A>I>S	45%~60%	30%~50%
工业化中期	A<20%，I>S	30%~45%	50%~60%
工业化后期	A<10%，I>S	10%~30%	60%~75%
后工业化时期	A<10%，I<S	<10%	>75%

注：A 代表第一产业，I 代表第二产业，S 代表第三产业。
资料来源：陈佳贵，黄群慧，钟宏武，王延中等.中国工业化进程报告［M］.北京：中国社会科学出版社，2007.

从日本的工业化进程来看，1956 年，日本第一产业产值比重为 17.8%，第二产业产值比重为 42.2%，第三产业产值比重为 39.9%；第一产业就业比重为 36%；城镇化率为 58.4%（见附表 8、图 4-29）。因此，日本在 20 世纪 50 年代中期就已经进入工业化中期阶段。1966 年，第一产业产值比重为 9.9%，第二产业产值比重为 45.4%，第三产业产值比重为 44.7%；第一产业就业比重为 22.2%；城镇化率为 68.7%。因此，日本在 20 世纪 60 年代中期就已经进入工业化后期阶段。1975 年，第三产业产值比重开始高于第二产业产值比重，城镇化率开始高于 75%，1981 年之后第一产业就业比重开始低于 10%。因此，日本在 20 世纪 70 年代后期 80 年代初期即进入后工业化时期。

从韩国的工业化进程看，进入经济高速增长之后，第二产业产值比重小于第三产业产值比重，1979 年后第一产业产值比重开始低于 20%，1976 年后第一产业就业比重开始低于 45%，1977 年后城镇化率开始高于 50%。因此，韩国在 20 世纪 70 年代中后期就已经进入了工业化中期阶段。自 1987 年后第一产业产值比重开始低于 10%，1983 年后第一产业就业比重开始低于 30%，1982 年后城镇化率开始高于 60%。因此，韩国基本在 20 世纪 80 年代中期就已经进入工业化后期阶段。2002 年后第一产业就业比重开始低于 10%，1991 年后城镇化率开始高于 75%。因此，韩国至少在进入 21 世纪后就已经进入后工业化时期。

从我国的工业化进程来看，自 1978 年进行改革开放以来，第一产业的产值比重始终低于 40%，并低于第二、第三产业的产值比重，且越来越低。2011 年前，第二产业的产值比重都高于第三产业的产值比重。2012 年后，第三产业的产值比重开始高于第二产业的产值比重。1988 年后，第一产业的就业比重开始低于 60%。但 1988 年的城镇化率只有 25.8%，到 1996 年城镇化率开始高于 30%。因此，从产值比重看，我国在 1978 年就已经进入了工业化初期，但从就业比重来看，我国自 1988 年进入工业化初期，而从城镇化率来看，我国自 1996 年进入工业化初期。从 1993 年开始，第一产业产值比重开始低于 20%，而第一产业的就业比重从 2005 年开始低于 45%，城镇化率自 2010 年开始高于 50%。因此，从产值比重看，我国自 1993 年开始进入工业化中期，但从就业比重来看，我国自 2005 年进入工业化中期,从城镇化率来看,我国自2010年进入工业化中期。自2009年开始第一产业产值比重开始低于10%,而第一产业的就业比重自2014年开始低于30%,而城镇化率在2016年只有57.4%。因此,从产值比重来看,我国自2009年开始进入工业化后期,从就业比重来看,我国自2014年才进入工业化后期,而从城镇化率来看,我国目前仍未进入工业化后期。

从上述工业化不同阶段的标志值和日本、韩国及我国工业化进程中的各项指标的数值来看,日本与韩国各指标的同步性和协调性非常好,当产值结构进入工业化的某一阶段时,就业结构和城镇化率指标基本同时进入该阶段。而我国的产业结构、就业结构和城镇化率却是不同步的,三者的协调性很差。我国的就业结构的变化远远滞后于产业结构的变化,而城镇化率的变化又远远滞后于就业结构的变化。产业结构率先进入工业化的某一个时期时,就业结构和城镇化率仍处于前一个时期。城镇化率滞后于就业结构变化,就业结构变化滞后于产业结构变化是我国经济转型过程中的突出特征。

第七节 中日韩经济高增长时期人力资本状况比较

我国在经济高速增长及经济增长方式转型过程中,大量农业剩余劳动力滞留于农村不能实现顺利转移,从而导致第一产业的就业比重远高于产值比重,原因除了经济增长方式的选择以及户籍制度、社会保障制度等制度性之外,一个非常重要的原因在于劳动力的人力资本状况。人力资本状况是决定劳动力素质以及其就业能力的最重要因素。人力资本、城乡居民收入差距、就业结构重构之间存在相互影响的循环作用关系,但这种循环关系究竟是良性循环还是恶性循环,人力资本状况起决定性作用。我国与日本和韩国经济的高速增长都是由第二、第三产业的高速增长所实现的,第二、第三产业的高速增长必然为社会创造大量的就业机会,同时第一产业技术水平的提高以及农村土地面积的缩小,必然导致大量的农村剩余劳动力。此时,如果农村剩余劳动力的人力资本状况及技术水平能够适应第二、第三产业的要求,并且如果不存在流动性障碍,则农村剩余劳动力将流向城镇第二、第三产业。在这种情况下,就业结构与产业结构不会出现较大的偏差,就业重构与产业结构变动是相协调的,也不会出现城乡居民收入差距过大的问题。因为此时的循环是一个良性循环,即第二、第三产业发展为农村剩余劳动力提供更多的就业机会,农村剩余劳动力转移到第二、第三产业,第一产业相对劳动生产效率上升,农村居民收入水平提高、城乡居民收入差距缩小,农村居民收入水平的提高会促进农村居民有更多的收入用于人力资本投资,提升自身劳动力素质,更有助于自身收入水平的提高,使城乡居民收入差距进一步缩小。但如果农村剩余劳动力的人力资本状况及技术水平不能适应城镇第二、第三产业的要求,即使不存在流动性障碍,农村剩余劳动力也无法顺利进入城镇第二、第三产业,仍然滞留于农村第一产业。这种情况下,则会使就业结构与产业结构出现较大偏差,就业重构与产业结构变动的协调性会很低,同时伴随的是城乡居民收入差距过大等问题。因为此时的循环是一个恶性循环,即第二、第三产业发展即使为农村剩余劳动力提供了更多的就业机会,但由于农村剩余劳动力的人力资本状况不能适应第二、第三产业对劳动力的素质要求,由于大量剩余劳动力只能滞留于农村,第一产业相对劳动生产效率进一步下降,农村居民相对甚至绝对收入水平进一步下降、城乡居民收入差距进一步扩大,由于农村居民收入水平过低,会进一步抑制其人力资本投资,农村劳动力相对素质进一步下降,这会进一步导致第一产业相对劳动生产效率下降,农村居民的相对收入水平甚至绝对水平进一步下降,从而使城乡居民收入差距进一步扩大。因此,一个国家就业重构与产业结构变动的协调性及城乡居民收入差距状况在很大程度上取决于该国劳动力的人力资本与技术水平。

由于无法获得日本和韩国农村劳动力的受教育程度和健康状况方面的数据，故本书使用能够获得的中等教育和高等教育毛入学率来表示劳动力人力资本状况。中国与日本和韩国在经济高速增长及增长方式转变过程中的中等教育毛入学率和高等教育毛入学率如附表9和图4-30、图4-31所示。

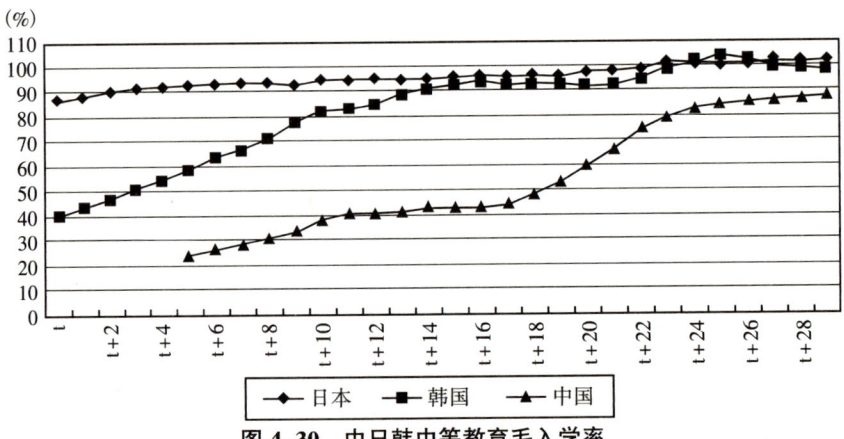

图 4-30　中日韩中等教育毛入学率

注：日本与韩国的t年为1971年，中国的t年为1986年。

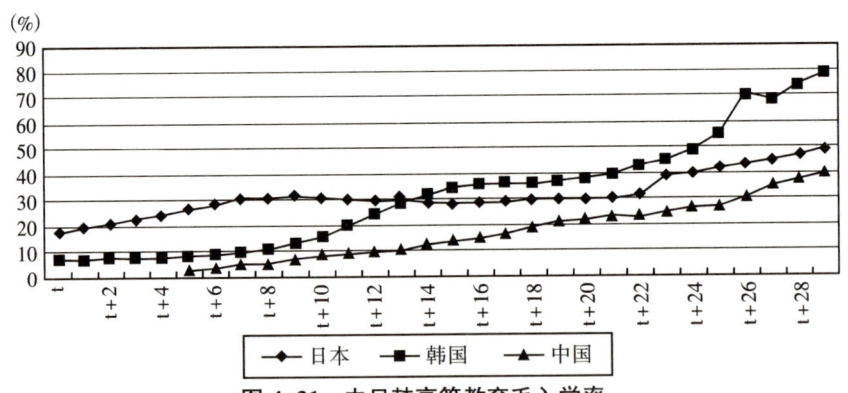

图 4-31　中日韩高等教育毛入学率

注：日本与韩国的t年为1971年，中国的t年为1986年。

从中等教育毛入学率来看，日本在经济高速增长的中期（1971年）中等教育毛入学率高达86.5%，之后逐年增加到1990年的95.6%。韩国虽然在1971年中等教育毛入学率为39.7%，但之后快速增长，到20世纪90年代，韩国中等教育毛入学率基本与日本相当。在韩国经济高速增长结束时（2000年），中等教育毛入学率达到98.4%，高于日本经济高速增长结束时的水平。我国1991年中等教育毛入学率只有24.0%，远远低于日本和韩国1971年的水平。虽然之后我国中等教育毛入学率快速增长，但在2016年，我国中等教育的毛入学率也只有87.0%，低于日本1990年水平的8.6个百分点，低于韩国2000年水平的11.4个百分点。

从高等教育毛入学率来看，日本在经济高速增长的中期（1971年）高等教育毛入学率为17.6%，之后快速增长，增长到1980年的31.2%，20世纪80年代，日本高等教育毛入学率较为稳定，在30%左右，而进入20世纪90年代后，日本高等教育毛入学率又进入快速增长阶段，2000年达到48.7%。韩国虽然在1971年中等教育毛入学率远低于日本，只有7.3%，但之后逐年上升，于1985年超过日本，进入快速增长阶段，2000年韩国高等教育毛入学率达到78.4%。而我国1991年高等教育毛入学率只有3.5%，不仅远远低于日本1971年的水平，而且远低于韩国1971年的水平。虽然进入21世纪后，由于我国高校的大幅扩招使我国高等教育毛入学率呈逐年迅速增长之势，但到2016年时，我国高等教育的毛入学率还是只有40.0%，仅相当于日本1995年的水平，相当于韩国1992年的水平。更低于韩国经济高速增长结束时（2000年）水平的38.4个百分点。

从上述比较可以看出，我国在经济高速增长及经济增长方式转变过程中，我国中等教育和高等教育的毛入学率虽然都有快速增长，但与日本和韩国同经济增长阶段相比，仍然是非常低的。由于中等教育入学率和高等教育入学率是决定未来劳动力人力资本状况和技术水平以及最重要因素，以及是否能够适应经济增长及增长方式转变要求的最重要因素，所以，中等教育和高等教育入学率的差别决定了我国与日本和韩国就业重构与产业结构变动的协调性及城乡收入差距状况。日本和韩国高的中等教育及高等教育入学率，保证了日本和韩国剩余农村劳动力从第一产业退出之后能够顺利地转移到城镇第二、第三产业，保证了日本和韩国在经济高速增长和增长方式转变过程中城乡居民收入差距不被扩大，并迅速缩小。我国过低的中等教育和高等教育入学率导致了我国农村劳动力的人力资本和技术水平不能满足第二、第三产业的要求，从而不能顺利转移到城镇第二、第三产业，大量的剩余劳动力仍滞留于农村第一产业，导致我国就业重构与产业结构变动的不协调性，最终表现为，在我国经济增长方式转变过程中城乡居民收入差距不仅没有缩小，反而被逐年扩大。

第五章
就业重构影响因素的实证分析

第一节 就业重构方向与就业重构速度的界定

由总量生产函数可知,产出的增加需要更多的要素投入。对于劳动力要素而言,产出的增加,可以带来更多的就业机会。因此,三次产业产值结构的变动会带来就业结构的重新改变,即就业重构。目前国内外绝大部分学者主要是利用三次产业中某个产业或某两个产业就业人数占全社会就业人数的比重对就业重构问题进行研究(曾国安,2007;靳卫东,2010;刘晋祎,2013;陈娟,2014;程莉,2014;丁元,2014;王亚飞,2014;徐春华,2015;于晗,2015;张美玲,2015;刘莉君,2016;穆怀中,2016;朱文涛,2016;龚新蜀,2017;李烨,2017;刘慧,2017;等等)。在全社会就业人数变化不大的情况下,各个产业就业比重的变化表示劳动力的流动,即代表就业结构的重构。就业比重下降的产业为动力流出的产业,就业比重上升的产业为劳动力流入的产业。因此,以就业比重代表的就业重构仅表示劳动力流动的方向,即就业重构方向。但是,如果只从就业重构方向研究就业结构变动的问题,则就业结构变化的剧烈程度就会被忽略。如果在很短的时间内在某一产业的就业人数占全社会总就业人数的比重发生了巨大变化，则意味着就业重构的速度很高。不同的就业重构方向会对居民收入差距产生影响，不同的就业重构速度会对居民收入差距产生更大影响。因为不同的就业重构速度对劳动力素质、劳动力市场的流动性的要求不同，所造成的结构性失业也不同，从而对居民收入的影响也必然不同。

鉴于此，为更加全面地分析就业结构变动对城乡居民收入差距的影响，本书将就业结构的变动分解为两个指标，即就业重构方向和就业重构速度。

就业重构方向用某个或某两个产业的就业人数占全社会总就业人数的比重来表示。就业重构方向是用来衡量一国就业结构不断演进的指标，反映劳动力在各产业间流动的方向。一般来讲，由于第三产业通常为劳动密集型产业，具有较高的就业产出弹性。并且随着经济的发展，产业结构的优化与升级，第三产业增加值在 GDP 中所占的比重越来越高。从而第三产业对劳动力具有更高的吸纳能力。所以劳动力流动的方向应该由第一、第二产业流向第三产业。因此，对于工业化已经完成的发达国家，可以用第三产业的就业比重的变化代表其就业重构方向。但对于我国而言，由于我国尚未完成实现工业化，第二产业增加值不仅在 GDP 中占有较高比重，且具有较高的就业产出弹性（见附表1、附表2），对劳动力具有较高的吸纳能力。并且从我国过去劳动力流动的实际情况看，也主要是劳动力从第一产业流向第二产业和第三产业。因此，本书用第二、第三产业的就业人数占全社会总就业人数的比重代表我国在过去经济增长方式转变过程中的就业重构方向，即：

$$就业重构方向 = \frac{第二产业的就业人数 + 第三产业的就业人数}{全社会就业总人数}$$

或：

$$就业重构方向 = 第二产业的就业比重 + 第三产业的就业比重 \qquad (5-1)$$

就业重构速度用各产业现期的就业比重减去基期的就业比重来表示。即：

i 产业 t 年的就业重构速度 = |i 产业 t 年的就业比重 − i 产业基年的就业比重|

或：

i 产业 t 年的就业重构速度 = $|q_{i,t} - q_{i,0}|$

其中，$q_{i,t}$ 代表 i 产业在 t 时期的就业比重，$q_{i,0}$ 代表 i 产业在基期的就业比重。

三次产业的就业重构总速度为：

就业重构总速度 = $\sum_{i=1}^{i=3}$ |i 产业 t 年的就业比重 − i 产业基年的就业比重|

或：

就业重构速度 = $\sum_{i=1}^{i=3} |q_{i,t} - q_{i,0}|$

就业重构速度是测算各产业就业比重的波动程度或变化速度的指标，它反映了劳动力在各产业间流动的速度。一般来讲，如果就业重构的速度越快，意味着各产业就业比重的波动或变化越快，劳动力在各产业间的流动速度越高。此时，全社会的结构性失业会越严重。

由于我国劳动力的流动主要是从第一产业向第二、第三产业流动，与就业重构方向相对应，本书用第二产业的就业重构速度与第三产业的就业重构速度之和代表我国的就业重构速度。即：

$$就业重构速度 = \sum_{i=2}^{i=3} |q_{i,t} - q_{i,0}| \tag{5-2}$$

第二节 影响就业重构因素的理论分析

如第三部分所述，根据主导力量的不同，一个国家经济增长方式转变可分为市场自发演进型经济增长方式转变和政府主导推动型经济增长方式转变。在不同的经济增长方式转变之下，产业结构变动与就业重构的主导因素自然不同。

在市场自发演进型经济增长方式转变之下，市场在资源配置中起决定性作用。生产要素及各种资源的流向主要受市场价格的引导。对于劳动力要素而言，在不考虑流动性约束的情况下，劳动力在各产业间的配置主要受工资或收入水平的引导。劳动力要素究竟是流向哪个产业，一方面取决于目标产业和原产业的工资或收入水平的比较，另一方面取决于目标产业的吸纳能力和劳动力自身素质所决定的适应能力。而劳动力自身素质主要受其人力资本状况或技术水平决定。

在政府主导推动型经济增长方式转变下，政府在资源配置中发挥着重要作用。生产要素及各种资源的流向不仅受市场价格的引导，同时受到政府产业政策的影响。因为经济增长方式转变与经济结构变动之间存在联动机制，经济增长方式的转变通常伴随产业结构和就业结构的变化。在政府主导推动型增长方式转变下，政府通常采取强有力的产业政策支持或限制某些产业的发展，以实现其经济发展战略。而产业政策的有效实施通常又需要其他能够改变社会资源配置状况的政策的支持。在短期中，政府所掌握的能够改变社会资源配置的政策主要包括财政政策和货币政策。财政政策主要是通过政府支出政策和税收政策来改变社会资源的配置以实现其产业政策目标。货币政策主要是通过定向货币投放和差别性利率政策改变货币资本的配置以实现其产业政策目标。所以在政府主导推动型经济增长方式转变下，社会资源的流向受到财政政策和货币政策强有力的影响。政府为达到支持某些产业发展的目的，会采取对这些产业发展有利的财政政策与货币政策。在这些政策的支持下，这些产业因资源优势通常可获得快速发展，而这些产业的快速发展，一方面会为劳动力要素创造更多的就业机会，另一方面劳动力在这些产业也可以获得更高的收入水平。这将进一步引导劳动力向这些产业的流动。

我国自改革开放以来，建立中国特色社会主义市场经济体制的改革目标日益明确，市场在社会资源配置中的作用日益加强。但政府主导推动仍是我国经济增长方式转变的主要动力，政府产业政策在社会资源配置中发挥着重要作用。因此，对于我国经济而言，就业重构一方面受到劳动力素质的影响，另一方面也受到财政政策和货币政策强有力的影响。

另外，某一产业产出水平的提高会为社会创造更多的就业机会，导致劳动力向该产业流动。并且，如果产出增长速度越快，劳动力向该产业流动的速度也将越快。

基于上述理论分析并结合我国的具体实际所得到的基本判断，我国的就业重构方向和就业重构速度与财政与金融支持、劳动力素质以及第二、第三产业的产出状况正相关，即劳动力素质越高、财政与金融对城镇第二、第三产业支持力度越大，第二、第三产业的产值比重越大则第二、第三产业的就业比重越高、劳动力向第二、第三产业流动的速度越快。

第三节 就业重构影响因素的实证检验

前文理论分析所得到的我国就业重构方向和就业重构速度与财政与金融支持、劳动力素质及第二、第三产业的产出状况正相关的基本判断需要通过我国具体的相关数据进行实证检验。

一、指标选择

本章所涉及的变量包括就业重构方向、就业重构速度、人力资本、财政支持、金融支持、第二、第三产业的产出状况。各个变量的度量指标如表5-1所示。就业重构方向（empdir）用第二产业和第三产业的就业比重进行度量；就业重构速度（empspe）用第二产业和第三产业就业比重的变化速度进行度量；城镇居民的人力资本状况（citedu）用城镇居民的平均受教育年限进行度量；农村居民的人力资本状况用农村居民的平均受教育年限进行度量；财政支持力度（finan）用政府公共财政支出总额进行度量；金融支持力度（loan）用金融机构贷款总额进行度量；第二、第三产业的产出状况（twthpro）用第二产业和第三产业的产值比重进行度量。

城镇居民和农村居民的平均受教育年限通过对各类教育程度人口数进行加权平均得到，即：

$$\frac{未受教育人数\times1+小学人数\times6+初中人数\times9+高中人数\times12+大专及以上人数\times16}{6岁以上的总人口数}$$

表 5-1 各变量的度量指标

变量	度量指标
就业重构方向（empdir）	第二、第三产业的就业比重（%）
就业重构速度（empspe）	第二、第三产业就业比重的变化速度（%）
城镇居民的人力资本状况（citedu）	城镇居民的平均受教育年限（年）
农村居民的人力资本状况（ruredu）	农村居民平均受教育年限（年）
财政支持（finan）	政府公共财政支出总额（百亿）
金融支持（loan）	金融机构贷款总额（百亿）
第二、第三产业的产出水平（twthpro）	第二、第三产业的产值比重（%）

二、数据来源与描述性统计量

本部分所使用的数据为 1995~2014 年我国 31 个省、直辖市、自治区的面板数据。这些数据来源于相关年份的《中国统计年鉴》和各省份的统计年鉴，关于城镇居民和农村居民教育情况的部分数据来自相关年份的《中国人口和就业统计年鉴》。表 5-2 显示了各指标的描述性统计量。

表 5-2 各指标的描述性统计量

变量名称	均值	标准差	最小值	最大值
empdir	55.52	15.31	28.77	92.50
empspe	13.07	4.81	6.76	28.85

续表

变量名称	均值	标准差	最小值	最大值
loan	90.34	74.45	2.73	299.64
finan	13.52	6.77	3.04	32.17
citedu	9.20	0.83	5.71	10.00
ruredu	6.89	0.78	4.13	8.24
twthpro	84.91	6.66	68.71	98.77

可以看出，各省份就业重构方向（empdir）即第二、第三产业的就业比重平均为55.52%，但各省份之间的偏差很大，上海的比重最高，为92.5%，西藏的比重最低，为28.77%；各省份的就业重构速度（empspe）的均值为13.07%，其在各省份之间也具有很大偏差，上海的就业重构速度最快，为28.85%，西藏的就业重构速度最慢，只有6.76%；各省份金融机构贷款总额（loan）的均值为90.34百亿元，各省份间的偏差更大，贷款规模最大的广东为299.64百亿元，最小的西藏仅为2.73百亿元；各省份政府公共财政支出总额（finan）的均值为13.52百亿元，广东规模最大，为32.17百亿元，西藏规模最小，只有3.04百亿元；城镇居民平均受教育年限（citedu）的均值为9.20年，农村居民平均受教育年限（ruredu）的均值为6.89年，各省份之间偏差相对较小；各省份第二、第三产业产值比重（twthpro）的均值为84.91%，各省份之间的偏差也相对较小。

三、计量模型的设定与面板数据模型估计

1. 计量模型的设定

根据上述对就业重构影响因素的理论分析所得到的基本判断，分别将就业重构方向（empdir）和就业重构速度（empspe）作为被解释变量，将金融机构贷款总额（loan）、政府公共财政支出总额（finan）、城镇居民平均受教育年限（citedu）、农村居民平均受教育年限（ruredu）和第二、第三产业产值比重（twthpro）作为解释变量，分别将就业重构方向和就业重

构速度的面板数据模型的形式设定如下：

$$\text{empdir}_{i,t} = \beta_0 + \beta_1 \text{loan}_{i,t} + \beta_2 \text{finan}_{i,t} + \beta_3 \text{citedu}_{i,t} + \beta_4 \text{ruredu}_{i,t} + \beta_5 \text{twthpro}_{i,t}$$

$$\text{empspe}_{i,t} = \beta_0 + \beta_1 \text{loan}_{i,t} + \beta_2 \text{finan}_{i,t} + \beta_3 \text{citedu}_{i,t} + \beta_4 \text{ruredu}_{i,t} + \beta_5 \text{twthpro}_{i,t}$$

其中，下标 i 和 t 表示第 i 个省份在第 t 年的指标数据。

2. 就业重构方向的面板数据模型的估计结果与分析

以就业重构方向（empdir）作为被解释变量，以金融机构贷款总额（loan）、政府公共财政支出总额（finan）、城镇居民平均受教育年限（citedu）、农村居民平均受教育年限（ruredu）和第二、第三产业产值比重（twthpro）为解释变量构建面板数据模型，分别利用固定效应和随机效应方法进行估计，具体结果如表 5-3 所示。

表 5-3 就业重构方向的面板数据模型估计结果

解释变量	固定效应	随机效应
loan	0.0195* (0.0046)	0.0240* (0.0047)
finan	0.1020** (0.0360)	0.0567 (0.0370)
citedu	0.0661 (0.3703)	0.1533 (0.3822)
ruredu	1.2358** (0.5853)	1.2874** (0.5880)
twthpro	0.5129* (0.0568)	0.5674* (0.0565)
cons	−6.4350 (3.7821)	−6.0309** (4.0468)
R^2	0.7424	0.7550
Hausman 检验	28.75* (p=0.00)	

注：括号内为对应系数的标准误；*、** 和 *** 分别表示在 1%、5% 和 10% 水平上显著。

比较模型的固定效应和随机效应估计结果，可以看出两种估计结果一些关键系数存在比较明显的差异，Hausman 检验统计量为 28.75，p 值为 0.00，拒绝原假设，说明模型中解释变量与不可观测因素存在较强的相关性，为处理由此引入的内生性问题，这里将基于更为稳健的固定效应估计结果进行分析。

表5-3中，从财政、金融支持角度看，金融机构贷款总额（loan）和政府公共财政支出（finan）对我国就业重构方向均具有显著性影响，影响系数分别为0.0195和0.1020，即从过去经验来看，金融机构贷款总额每增加1百亿元，会导致第二、第三产业的就业人数占全社会就业人数的比重增加0.0195个百分点；财政公共财政支出每增加1百亿元，会导致第二、第三产业的就业比重增加0.1020个百分点。这一方面说明我国过去财政与金融支持明显地促进了我国就业结构的变化，导致第二、第三产业的就业比重明显提高；另一方面也可以看到，在两种政府干预经济的手段当中，财政支出对就业重构方向的影响更大。

从人力资本角度看，农村居民平均受教育年限（ruredu）对就业重构方向具有显著性影响，影响系数为1.2358，即农村居民平均受教育程度增加1年会导致第二、第三产业就业比重提高1.2358个百分点。而城镇居民平均受教育年限对就业重构方向的固定效应的影响系数为0.0661，随机效应的影响系数为0.1533，都远远低于农村居民平均受教育年限的影响力，并且固定效应相应的p值为0.858，随机效应相应的p值为0.688。这意味着无论是固定效应模型还是随机效应模型，城镇居民平均受教育年限都不对我国就业重构方向构成显著性影响。这进一步证明了前面理论分析的结论，即我国第二、第三产业就业比重的增加主要是农村劳动力的转移所导致的。因此，我国就业重构方向主要是受农村居民平均受教育年限的显著性影响，而不受城镇居民平均受教育年限的影响。

从产出角度看，第二、第三产业的产值比重（twthpro）对我国就业重构方向具有显著性影响，影响系数为0.5129，即第二、第三产业的产值比重每增加1个百分点，会导致第二、第三产业的就业比重增加0.5129个百分点。这主要是因为第二、第三产业产出水平的提高会给社会创造更多的就业机会，并且吸纳农村转移劳动力在第二、第三产业进行就业。

3. 就业重构速度的面板数据模型的估计结果与分析

以就业重构速度（empspe）作为被解释变量，以金融机构贷款总额（loan）、政府公共财政支出总额（finan）、城镇居民平均受教育年限（citedu）、农村居民平均受教育年限（ruredu）和第二、第三产业产值比重（twthpro）为解释变量构建面板数据模型，分别利用固定效应和随机效应方法进行估计，具体结果如表5-4所示。利用Hausman统计量检验模型中变量的内生性问题，统计量值为24.79，p值为0.00，显著拒绝原假设，这意味着固定效应模型的结果更为可靠。

表5-4 就业重构速度的面板数据模型估计结果

解释变量	随机效应	固定效应	
loan	0.03401*** (0.0182)	0.0372* (0.0048)	0.0319* (0.0028)
finan	−0.0395 (0.0011)	−0.0524 (0.0379)	—
citedu	1.5174** (0.6916)	1.8501* (0.4198)	1.7919* (0.4180)
ruredu	2.4270** (1.0679)	3.1677* (0.6393)	3.0725* (0.6362)
twthpro	0.3880* (0.1114)	0.3732* (0.0670)	0.3456* (0.0640)
常数项	−54.2454* (6.9545)	−61.2422* (4.6291)	−57.8603* (3.9350)
R^2	0.7247	0.7263	0.7252
Hausman 检验	24.79* (p = 0.00)		

注：括号内为对应系数的标准误；*、** 和 *** 分别表示在1%、5%和10%水平上显著。

从表5-4的前两列估计结果可以看出，无论是固定效应还是随机效应估计，作为财政支持的政府公共财政支出总额（finan）对我国就业重构速度均不具有显著性影响。固定效应中对应的p值为0.167，随机效应中对应的p值为0.970。我国政府公共财政支出对就业重构速度不具有显著性影响的原因是，在公共财政支出中包括外交、国防、公共安全、科学技术、节能环保、国土资源气象事务、住房保障支出、粮油物资储备、政府债务付息等①，而这些支出通常对产出和就业的影响具有基础性和长期性特征，虽然会为第二、第三产业的产出和就业增长奠定良好的基础，从而促进第二、第三产业就业比重的提高，但短期内并不会引起第二、第三产业就业比重的变化速度发生大的改变，从而对我国就业重构速度不具有显著性影响。

由于政府公共财政支出（finan）对就业重构速度不具有显著性影响，故将其删除，并以就业重构速度（empspe）作为被解释变量，以金融机构贷款总额（loan）、城镇居民平均受教育年限（citedu）、农村居民平均受教育年限（ruredu）和第二、第三产业产值比重（twthpro）为解释变量重新利用固定效应模型进行估计，结果在表 5-4 最后一列给出。

表 5-4 的估计结果表明，从金融支持角度上，金融机构贷款总额（loan）对我国就业重构速度具有显著性影响，影响系数分别为 0.0319，即从过去经验看，金融机构贷款总额每增加 100 亿元，会导致我国就业重构速度提高 0.0319 个百分点。其主要原因可能是因为金融机构的贷款更多的是投入更具有市场活力，对就业吸纳能力更强的经济部门，从而导致我国就业重构速度的提高。

从人力资本角度看，城镇居民平均受教育年限（citedu）和农村居民平均受教育年限（ruredu）均对就业重构速度具有显著性影响，影响系数分别为 1.7919 和 3.0725，即城镇居民和农村居民平均受教育程度增加 1 年会导致我国就业重构速度提高 1.7919 个和 3.0725 个百分点。这主要是因为受教育程度的提高会导致居民对经济结构变化的适应能力和就业能力的提

---

① 根据《中国统计年鉴》的主要统计指标解释，政府公共财政支出是指国家财政将筹集起来的资金进行分配使用，以满足经济建设和各项事业的需要。主要包括：一般公共服务、外交、国防、公共安全、教育、科学技术、文化体育与传媒、社会保障和就业、医疗卫生、节能环保、城乡社区事务、农林水事务、交通运输、资源勘探、电力信息等事务、商业服务等事务、金融监管等事务、援助其他地区、国土资源气象等事务、住房保障支出、粮油物资储备事务、政府债务付息等方面的支出。

高,从而可以很快地在第二、第三产业实现就业。另外,也可以发现农村居民平均受教育年限对我国就业重构速度的影响系数远高于城镇居民,这主要是因为,我国劳动力流动的方向主要是农村剩余劳动力向第二、第三产业的流动,因此农村居民平均受教育年限对就业重构速度的影响更大。

从产出角度看,第二、第三产业的产值比重(twthpro)对我国就业重构速度也具有显著性影响,影响系数为0.3456,即第二、第三产业的产值比重增加1个百分点,会导致我国就业重构速度提高0.3456个百分点。这同样是因为第二、第三产业产出水平的提高会给社会创造更多的就业机会,从而可以较快地实现农村转移劳动力在第二、第三产业的就业。

四、Granger 因果关系检验

前一节面板数据模型所估计出的财政与金融支持力度、城乡居民人力资本状况和第二、第三产业的产出状况对我国就业重构的影响是长期的均衡结果,反映的是各解释变量对就业重构方向和就业重构速度的长期累积影响。为进一步考察这些解释变量对我国就业重构方向和就业重构速度的动态影响,还需要进行 Granger 因果关系检验。

1. 就业重构方向的 Granger 因果关系检验

为进一步研究变量间的经济关系,利用面板数据分别检验金融机构贷款总额(loan)、政府公共财政支出总额(finan)、城镇居民平均受教育年限(citedu)、农村居民平均受教育年限(ruredu)和第二、第三产业产值比重(twthpro)与就业重构方向(empdir)的 Granger 因果关系,结果如表5-5所示。

从表5-5中的检验结果可以看出,对于金融支持而言,在5%的检验水平下,可以认为金融机构贷款总额(loan)是就业重构方向(empdir)的 Granger 原因,相反则不成立。对于财政支持而言,在10%的检验水平下,可以认为政府公共财政支出总额(finan)是就业重构方向(empdir)的 Granger 原因。相反,则同样不成立。对城镇居民的人力资本水平而言,城

表 5–5 就业重构方向的 Granger 因果关系检验

原假设	F 统计量	结论
loan 不是 empdir 的 Granger 原因	3.68** (0.03)	拒绝
empdir 不是 loan 的 Granger 原因	1.73 (0.18)	接受
finan 不是 empdir 的 Granger 原因	2.90*** (0.08)	拒绝
empdir 不是 finan 的 Granger 原因	0.91** (0.40)	接受
citedu 不是 empdir 的 Granger 原因	2.11 (0.12)	接受
empdir 不是 citedu 的 Granger 原因	6.63* (0.00)	拒绝
ruredu 不是 empdir 的 Granger 原因	4.98* (0.01)	拒绝
empdir 不是 ruredu 的 Granger 原因	1.46 (0.23)	接受
twthpro 不是 empdir 的 Granger 原因	6.94* (0.00)	拒绝
empdir 不是 twthpro 的 Granger 原因	1.75 (0.18)	接受

注：所有检验模型皆设定为二阶滞后；括号内为统计量对应的 p 值；*、** 和 *** 分别表示在 1%、5%和 10%水平上显著。

镇居民平均受教育年限（citedu）不是就业重构方向（empdir）的 Granger 原因，p 值为 0.12，但在 1%的检验水平下，就业重构方向（empdir）却可以视为城镇居民平均受教育年限（citedu）的 Granger 原因。对于农村居民的人力资本水平，在 1%的检验水平下，可以认为农村居民平均受教育年限（ruredu）是就业重构方向（empdir）的 Granger 原因，相反则不成立。对于第二、第三产业的产出水平而言，在 1%的检验水平下，可以认为第二、第三产业产值比重（twthpro）是就业重构方向（empdir）的 Granger 原因，相反也不成立。

总体来看，财政与金融支持、农村居民人力资本水平、第二、第三产业的产出状况是我国就业重构方向的 Granger 原因。而城镇居民人力资本水平不是我国就业重构方向的 Granger 原因。这一检验结果进一步支持了面板数据模型的估计结果，即我国财政与金融支持规模的扩大、农村居民人力资本水平的提高以及第二、第三产业产值比重的提高可以显著提高我国第二、第三产业的就业比重。

2. 就业重构速度的 Granger 因果检验

分别检验金融机构贷款总额（loan）、城镇居民平均受教育年限（citedu）、农村居民平均受教育年限（ruredu）和第二、第三产业产值比重（twthpro）与就业重构速度（empspe）的 Granger 因果关系，结果如表5-6所示。

表5-6 就业重构方向的 Granger 因果关系检验

原假设	F统计量	结论
loan 不是 empspe 的 Granger 原因	3.20** (0.02)	拒绝
empspe 不是 loan 的 Granger 原因	2.06 (0.11)	接受
citedu 不是 empspe 的 Granger 原因	5.52* (0.00)	拒绝
empspe 不是 citedu 的 Granger 原因	0.89 (0.44)	接受
ruredu 不是 empspe 的 Granger 原因	3.00** (0.03)	拒绝
empspe 不是 ruredu 的 Granger 原因	2.67** (0.05)	拒绝
twthpro 不是 empspe 的 Granger 原因	4.28* (0.01)	拒绝
empspe 不是 twthpro 的 Granger 原因	3.19** (0.02)	拒绝

注：所有检验模型皆设定为三阶滞后；括号内为统计量对应的 p 值；*、** 和 *** 分别表示在 1%、5%和10%水平上显著。

对于金融支持而言，在5%的检验水平下，可以认为金融机构贷款总额（loan）是就业重构速度（empspe）的 Granger 原因，相反则不成立。对城镇居民的人力资本水平而言，在1%的检验水平下，可以认为城镇居民平均受教育年限（citedu）是就业重构速度（empspe）的 Granger 原因。相反也不成立。对于农村居民的人力资本水平而言，在5%的检验水平下，可以认为农民居民平均受教育年限（ruredu）是就业重构速度（empspe）的 Granger 原因，相反方向的 Granger 因果关系在5%的检验水平下同样存在。对于第二、第三产业的产出水平而言，在1%的检验水平下，可以认为第二、第三产业产值比重（twthpro）是就业重构速度（empspe）的 Granger 原因，在5%的检验水平下，就业重构速度（empspe）也是第二、第三产业产值比重（twthpro）的 Granger 原因。

总体来看，金融支持、城镇居民和农村居民人力资本水平以及第二、第三产业的产出水平是我国就业重构速度的 Granger 原因。这一检验结果进一步支持了面板数据模型的估计结果，即我国金融支持规模的扩大、城镇居民和农村居民人力资本水平的提高，第二、第三产业产值比重的提高可以显著提高我国的就业重构速度。同时，从检验结果也可以看出，我国就业重构速度也是农村居民人力资本水平和第二、第三产业产值比重的 Granger 原因。这主要是因为第二、第三产业就业比重增长速度的加快，一方面，可以通过"干中学"的渠道使农村居民的人力资本水平提高；另一方面，农村转移劳动力在第二、第三产业的就业会对农村居民增加教育投入、提高受教育水平产生鼓励作用，从而导致农村居民平均受教育年限的增加。另外，由于依靠要素投入的粗放型增长仍是我国重要的经济增长方式，因此，第二、第三产业就业比重增长速度的加快，即劳动要素投入量的快速增长，从而导致了第二、第三产业产出水平的快速增长，产值比重相应提高。

第四节 结论

本章将我国的就业重构分解为就业重构方向和就业重构速度，首先在理论上界定了就业重构方向和就业重构速度的主要影响因素及其可能的影响。这些影响因素主要包括财政与金融支持、人力资本水平以及第二、第三产业的产出状况等。然后分别以就业重构方向和就业重构速度为被解释变量，以财政与金融支持、人力资本水平以及第二、第三产业的产值比重为解释变量，利用 1995~2014 年我国 31 个省、直辖市、自治区的省际数据，设定面板数据模型研究上述因素对我国就业重构方向和就业重构速度的影响。

就业重构方向的面板数据模型的估计结果表明，财政与金融支持、农村居民的人力资本水平、第二、第三产业的产值比重对我国就业重构方向具有显著性影响。金融机构贷款总额每增加 1 百亿元，会导致第二、第三产业的就业人数占全社会就业人数的比重增加 0.0195 个百分点；政府公共财政支出每增加 100 亿元，会导致第二、第三产业的就业比重增加 0.102 个百分点；农村居民平均受教育程度增加 1 年会导致第二、第三产业就业比重提高 1.2358 个百分点；第二、第三产业的产值比重增加 1 个百分点，会导致第二、第三产业的就业比重增加 0.5129 个百分点。Granger 因果检验进一步表明，财政与金融支持，农村居民的人力资本水平，第二、第三产业的产出状况是我国第二、第三产业就业比重变化的重要原因。这些实证检验的结论证明了理论分析的正确性。因此，无论是理论分析，还是利用我国实际数据的实证检验，都表明财政与金融支持力度的增强，农村居民人力资本水平的提高，第二、第三产业产值比重的增加有效地提高了我国第二、第三产业的就业比重，从而促进我国农村剩余劳动力的顺利转移。

就业重构速度的面板数据模型的估计结果表明，金融支持、城镇居民与农村居民的人力资本水平，第二、第三产业的产值比重对我国就业重构速度具有显著性影响。金融机构贷款总额每增加 100 亿元，会导致我国就业重构速度提高 0.0319 个百分点；城镇居民平均受教育程度增加 1 年会导致我国就业重构速度提高 1.7919 个百分点；农村居民平均受教育程度增加 1 年会导致我国就业重构速度提高 3.0725 个百分点；第二、第三产业的产值比重增加 1 个百分点，会导致我国就业重构速度提高 0.3456 个百分点。Granger 因果检验进一步表明，金融支持、城镇居民和农村居民人力资本水平，第二、第三产业的产出状况是我国就业重构速度变动的重要原因。这些实证检验的结论证明了理论分析的正确性。因此，无论是理论分析，还是利用我国实际数据的实证检验，都表明金融支持力度的增强、城镇居民和农村居民人力资本水平的提高、第二、第三产业产值比重的增加有效地提高了我国的就业重构速度，导致我国第二、第三产业的就业比重迅速提高。

第六章
就业重构对城乡收入差距影响的实证分析

第一节 农村居民的收入构成

我国农村居民收入主要包括工资性收入、经营性收入、财产性收入和转移性收入四部分。按照我国国家统计局的指标解释，工资性收入是指农村住户成员受雇于单位或个人，靠出卖劳动而获得的收入。经营性收入是指农村住户以家庭为生产经营单位进行生产筹划和管理而获得的收入。农村住户家庭经营活动按行业划分为农业、林业、牧业、渔业、工业、建筑业、交通运输业邮电业、批发和零售贸易餐饮业、社会服务业、文教卫生业和其他家庭经营。财产性收入是指农村住户家庭作为金融资产或有形非生产性资产的所有者，向其他机构单位提供资金或将有形非生产性资产供其他机构单位支配，作为回报而从中获得的收入。转移性收入是指农村住户和住户成员无须付出任何对应物而获得的货物、服务、资金或资产所有权等，不包括无偿提供的用于固定资本形成的资金。一般情况下，转移性收入指农村住户在二次分配中的所有收入。从指标解释中可以看出，工资性收入为农村居民受雇于他人的务工收入，经营性收入为农村居民从事第一产业的经营性收入和从事第二、第三产业的经营性收入。

根据国家统计局公布的数据，剔除1978~1984年农村家庭联产承包责任制的实施导致第一产业经营性收入比重大幅提高的非正常年份。1985年后，农村居民工资性收入所占的比重基本呈直线上升趋势，从1985年的18.2%逐步上升到2013年的45.3%。2013年后因为政府对农村居民的转移支付力度大幅提高，以及由于整体经济增速下滑引起农村居民外出务工相对收入下降等原因，工资性收入的比重有所下降，但2016年仍高达40.6%；而经营性收入在1985年后则呈直线下降趋势，从1985年的74.4%持续下降到2016年的38.3%，而经营性收入比重的下降主要是由于第一产业经营性收入的迅速下降所导致的；财产性收入在1993年前几乎为零，1993年后农村居民财产性收入有所增加，但所占比重非常低、并且非常稳定，基本稳定在2.2%~3.4%；转移性收入在农村居民收入当中所占的比重也很低，20世纪80年代稳定在5%左右，1990~2007年稳定在4%左右，自2008年后，其所占比重有所上升，尤其是2014年后其所占比重明显提高，2016年达到18.8%。具体见附表10和图6-1。

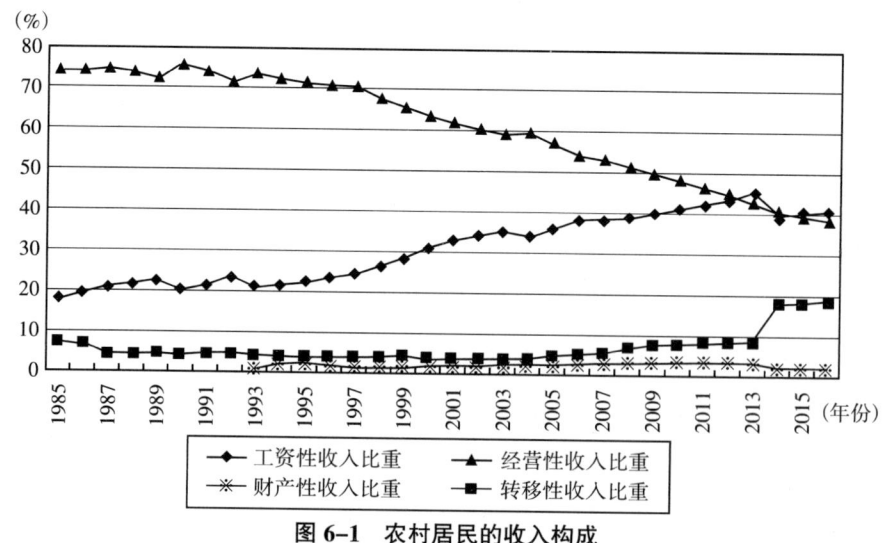

图6-1 农村居民的收入构成

以上各项收入比重及其变化趋势表明，工资性收入和第二、第三产业经营性收入是我国农村居民最主要的收入来源，并且在经济高速增长过程中，作为我国农村居民收入最主要的组成部分的工资性收入迅速上升，经营性收入迅速下降，尤其是第一产业经营性收入迅速下降。因此，我国农村居民收入水平的提高主要是由于外出务工所获得的工资性收入和从事第二、第三产业经营活动收入的提高所导致的。这意味着，随着我国经济增长方式的转变，产业结构的转变，我国农村居民的就业领域发生了巨大改变，从以前主要通过在农村内部从事第一产业的生产活动获得收入，转变为主要依靠外出务工和从事第二、第三产业经营而获得非农业收入。因此，研究我国农村居民收入及城乡居民收入差距问题，必须研究农村劳动力向第二、第三产业转移所带来的就业重构的影响。

第二节 就业重构方向与就业重构速度对城乡收入差距影响的理论分析

农村劳动力向第二、第三产业的转移对城乡居民收入差距的影响，国内的现有研究没有一致性答案，不同的学者从不同的角度入手，所得的结论存在极大的分歧。

如李实（1997，1999）、都阳和朴之水（2003）、姚枝仲和周素芳（2003）、彭定赟等（2009）、王莹（2015）、朱文涛等（2016）、刘莉君（2016）、杨建军等（2016）、李烨等（2017）、龚新蜀等（2017）、张志新等（2018）的研究结果表明，我国农村劳动力向城镇第二、第三产业转移有助于缩小城乡居民收入差距；林毅夫（2003，2004）、蔡昉（2005，2009）、樊纲和王小鲁（2005）、张庆等（2006）、曾国安（2007）、靳卫东（2010）、朱云章（2010）、蒲艳萍和吴杰（2012）、陈娟等（2014）、李政

(2016)的研究结果表明,由于各种实际因素存在,我国农村劳动力向第二、第三产业的转移不仅没有缩小城乡居民收入差距,反而扩大了城乡居民收入差距;而丁元等(2014)、郑万吉(2015)、王亚飞(2014,2015)、徐春华等(2015)、穆怀中(2016)、彭定赟等(2017)的研究结果表明,我国农村劳动力转移对城乡居民收入差距的影响具有不确定性。这些学者更多的是采用第一产业就业人数或第二、第三产业就业人数的变化来研究农村劳动力转移对城乡居民收入差距的影响,即只关注了就业重构方向一个方面。如前文所述,本书研究将就业重构问题分解为就业重构方向和就业重构两个方面。因此,就业重构对城乡居民收入差距的影响必然从就业重构的方向和就业重构的速度两个方面发挥作用。

从就业重构方向看。经济增长过程伴随着新兴行业的不断出现和产业结构的高级化,最终表现为第二、第三产业的增加值在 GDP 比重中的不断上升。新兴行业的出现以及第二、第三产业产出水平的提高会为社会创造更多的就业机会,从而有助于全社会就业水平的提高和农村剩余劳动力的顺利转移,使农村劳动力的工资性收入和第二、第三产业的经营性收入增长。同时,随着农村剩余劳动力的转移,留在第一产业的劳动力的边际产出上升,第二、第三产业的边际产出下降,在以要素边际产出决定要素价格的收入分配原则下,第一产业劳动力的收入水平会得到有效提升。这两方面的因素可能会使农村居民的收入增长速度高于城镇居民的收入增长速度。因此,以第二、第三产业就业比重的逐步提高所表示的就业重构方向有助于城乡居民收入差距的缩小。

从就业重构速度看。由于就业重构表示产业间就业结构变动的剧烈程度。在经济增长过程中,各产业产值结构的变动,会导致各产业的就业比重发生变化,从而导致结构性失业。就业重构速度越快,各产业就业比重的波动会越剧烈,结构性失业就越严重。由于在经济增长方式转变过程中,通常第一产业的产值比重逐步缩小,这必然导致第一产业就业比重随之缩小。如果就业重构速度过快,即第二、第三产业比重增长过快,一方面，对第二、第三产业工资水平的增长起到抑制性作用；另一方面，会导致从第一产业释放出来的劳动力的人力资本状况或技术水平不能在短期内适应第二、第三产业发展的需要，或因制度性障碍、信息不对称等因素所造成的劳动力市场缺乏流动性，将会形成城乡分割的劳动力市场，从而造成农村劳动力的非充分就业或失业。这两方面的原因最终会导致农村居民相对收入水平甚至绝对收入水平的下降。因此，就业重构的速度越快，城乡居民收入差距越大。

基于上述理论分析并结合我国具体实际所得到的基本判断，我国城乡居民收入差距与就业重构方向负相关，与就业重构速度正相关，即第二、第三产业的就业比重的提高会缩小城乡居民收入差距，就业重构速度的加快会大大增加城乡居民收入差距。

第三节 就业重构对城乡居民收入差距影响的实证检验

前文理论分析所得到的我国城乡居民收入差距与就业重构方向负相关、与就业重构速度正相关的基本判断需要通过我国具体的相关数据进行实证检验。

一、指标选择

虽然在诸多学者的相关研究中，财政与金融支持、人力资本状况、产业产值是影响居民收入差距的重要变量。但在本书研究中，第五章已经注重研究了这些因素对我国就业重构方向和就业重构速度的影响，为避免共线性问题，本章主要研究就业重构方向和就业重构速度对城乡居民收入差距的影响，因此，本章所涉及的变量只包括城乡居民收入差距、就业重构方向、就业重构速度。各个变量的度量指标如表 6-1 所示。

表 6-1 各变量的度量指标

变量	度量指标
城乡居民收入差距（gap）	城镇居民人均可支配收入与农村居民人均纯收入之比（倍）
就业重构方向（empdir）	第二、第三产业的就业比重（%）
就业重构速度（empspe）	第二、第三产业的就业比重的变化速度（%）

城乡居民收入差距（gap）用城镇居民人均可支配收入与农村居民人均纯收入之比进行度量；就业重构方向（empdir）用第二、第三产业的就业比重（同上一章）进行度量；就业重构速度（empspe）用第二、第三产业就业比重的变化速度（同上一章）进行度量。

二、数据来源与描述性统计量

本章所使用的指标均为 1995~2014 年我国 31 个省、直辖市、自治区的面板数据。数据来源于相关年份的《中国统计年鉴》和各省份统计年鉴。各指标描述性统计量如表 6-2 所示。

表 6-2 各指标的描述性统计量

变量名称	均值	标准差	最小值	最大值
gap	2.89	0.61	1.91	4.20
empdir	55.52	15.31	28.77	92.50
empspe	13.07	4.81	6.76	28.85

从表 6-2 可以看出，各省份城乡收入差距（gap）的均值为 2.89，但各省份之间的偏差非常大。天津的城乡居民收入差距最小，城镇居民收入是农村居民收入的 1.91 倍。云南的城乡收入差距最大，城镇居民收入是农村居民收入的 4.20 倍。就业重构方向（empdir）和就业重构速度（empspe）的描述性统计量与上一章相同。

三、计量模型的设定与面板数据模型估计

1. 计量模型的设定

根据上述城乡居民收入差距与就业重构关系的理论分析所得到的基本判断，以城乡居民收入差距（gap）作为被解释变量，以就业重构方向（empdir）和就业重构速度（empspe）作为解释变量，将城乡居民收入差距的面板数据模型的形式设定如下：

$$gap_{i,t} = \beta_0 + \beta_1 empdir_{i,t} + \beta_2 empspe_{i,t}$$

其中，下标 i 和 t 表示第 i 个省份在第 t 年的指标数据。

2. 基于全国数据的城乡居民收入差距的面板数据模型估计

以城乡居民收入差距（gap）作为被解释变量，以就业重构方向（empdir）和就业重构速度（empspe）作为解释变量构建面板数据模型，分别利用固定效应和随机效应方法进行估计，具体估计结果如表 6-3 所示。

表 6-3 全国各省城乡居民收入差距面板数据模型估计结果

解释变量	固定效应	随机效应
empdir	−0.015*** (0.023)	−0.082* (0.021)
empspe	0.082* (0.019)	0.110* (0.019)
常数项	2.873* (0.113)	3.209* (0.124)
R^2	0.386	0.282
Hausman 检验	44.86* (p=0.00)	

注：括号内为对应系数的标准误；*、** 和 *** 分别表示在 1%、5% 和 10% 水平上显著。

通过比较可以看出，固定效应和随机效应模型的估计结果存在比较明显的差异，这意味着模型中解释变量 empdir 和 empspe 可能是内生的，从而随机效应估计结果不一致。进一步利用 Hausman 检验考察模型的内生性，统计量值为 44.86，p 值为 0.00，1% 的显著性水平上显著拒绝原假设，

因此这里固定效应估计结果理论上更为稳健。

从就业重构方向的角度看,就业重构方向对我国城乡居民收入差距具有显著性影响,影响系数为-0.015,即第二、第三产业的就业比重增加1个百分点会导致城乡居民收入之比下降0.015。城乡居民收入差距之所以与就业重构方向负相关,主要是由于第二、第三产业就业比重的提高是由于农村转移劳动力的加入,而农村劳动力的非农就业导致其工资性收入和从事第二产业和第三产业的经营性收入的增加。同时,因此农村剩余劳动力的流出,使第一产业劳动力的边际产出上升,从而导致第一产业经营性收入的增加。这两方面因素最终导致农村居民的收入增长速度高于城镇居民的收入增长速度,从而导致城乡居民收入差距的缩小。

从就业重构速度的角度看,就业重构速度对我国城乡居民收入差距也具有显著性影响,影响系数为0.082,即第二、第三产业的就业重构速度增加1个百分点会导致城乡居民收入之比上升0.082。城乡居民收入差距之所以与就业重构速度正相关,主要是由于第二、第三产业就业比重增长过快,一方面对第二、第三产业工资水平的增长起到抑制性作用,另一方面会导致农村剩余劳动力的人力资本状况、技术水平在较短时间内不能适应第二、第三产业的技术要求,以及劳动力市场存在的流动性障碍,引起结构性失业增加。这两方面的原因最终会导致农村居民相对收入水平甚至绝对收入水平的下降,从而导致城乡收入居民收入差距的扩大。

比较就业重构方向和就业重构速度对城乡居民收入差距的影响系数可以发现,由于就业重构方向的系数为-0.015,而就业重构速度的系数为0.082,即就业重构速度对城乡居民收入差距的扩大效应大于就业重构方向对城乡居民收入差距的缩小效应,两者的综合结果是,我国就业重构的进行,农村劳动力向第二、第三产业的转移会导致城乡居民收入差距的扩大。

3. 基于分省数据的城乡居民收入差距的面板数据模型估计

考虑到我国城乡居民收入差距在省际间存在非常大的差异,据此可推断出各省份的就业重构方向和就业重构速度对城乡居民收入差距的影响也将存在较大差异。为比较就业重构方向和就业重构速度在东部、中部、西部不同地区对城乡居民收入差距的影响，根据国家发改委的划分，东部地区包括实行开放政策较早的辽宁、北京、天津、河北、山东、江苏、上海、浙江、福建、广东、广西、海南12个沿海发达省份；中部地区包括黑龙江、吉林、内蒙古、山西、河南、安徽、湖北、湖南、江西9个中部欠发达省份；西部地区包括陕西、宁夏、甘肃、青海、新疆、西藏、四川、重庆、贵州、云南10个西部欠发达省份。分别基于东部、中部、西部三个地区的面板数据，利用固定效应和随机效应模型进行估计，结果如表6-4所示。

表6-4 东中西部地区城乡居民收入差距面板数据模型估计结果

解释变量	东部地区		中部地区		西部地区	
	固定效应	随机效应	固定效应	随机效应	固定效应	随机效应
empdir	0.013* (0.003)	0.003* (0.003)	−0.022* (0.005)	−0.021* (0.005)	−0.032* (0.009)	−0.035* (0.007)
empspe	0.008* (0.002)	0.012* (0.002)	0.036* (0.005)	0.035* (0.005)	0.018*** (0.010)	0.021* (0.008)
常数项	1.512* (0.176)	2.095* (0.185)	3.428* (0.210)	3.406* (0.222)	4.768* (0.307)	4.888* (0.257)
Hausman检验	39.14* (p = 0.00)		2.09 (p = 0.55)		0.41 (p = 0.94)	

注：括号内为对应系数的标准误；*、** 和 *** 分别表示在1%、5%和10%水平上显著。

对于东部地区而言，从Hausman检验结果可知，固定效应估计结果更为稳健。东部地区就业重构方向对城乡居民收入差距的影响与全国状况相反，影响系数为0.013，即第二、第三产业就业比重增加1个百分点会导致城乡居民收入比率增加0.013。第二、第三产业就业比重增加之所以会引起城乡居民收入差距扩大，主要原因是因为东部地区为农村转移劳动力的流入省份，中部和西部农村剩余劳动力大量流入东部地区第二、第三产业，会与东部地区农村剩余劳动力形成竞争关系，东部地区第二、第三产业的发展所创造的就业机会部分被中部和西部农村剩余劳动力占有。因此，东部地区第二、第三产业就业比重的主要原因是由于中部和西部农村剩余劳动力的进入所导致的，从而有利于中部和西部农村居民收入水平的提高，而不利于东部农村居民收入水平的提高，进而导致东部地区城乡居民收入差距的扩大。而就业重构速度对东部地区城乡居民收入差距的影响方向与全国状况相同，但系数为 0.008，即就业重构速度增加 1 个百分点会导致东部地区城乡居民收入比率增加 0.008。这种影响之所以低于全国水平，主要原因可能是东部农村劳动力的人力资本水平较高的结果。由于就业重构方向和就业重构速度都对城乡居民收入差距具有正向影响，所以，在东部地区就业重构的进行，农村劳动力向第二、第三产业的转移扩大了城乡居民收入差距。

对于中部地区而言，固定效应和随机效应模型的估计结果非常接近，Hausman 检验结果也表明不存在内生性问题，这种情况下随机效应估计结果更为有效。中部地区就业重构方向对城乡居民收入差距的影响方向与全国状况相同，影响系数为 -0.021，即第二、第三产业就业比重增加 1 个百分点会导致城乡居民收入比率下降 0.021。这种影响力高于全国水平的主要原因是中部地区是农村劳动力的净流出省份，而就业重构速度对中部地区城乡居民收入差距的影响方向与全国状况相同，系数为 0.035，即就业重构速度增加 1 个百分点会导致中部地区城乡居民收入比率增加 0.035。由于就业重构速度对城乡居民收入差距的影响力高于就业重构方向的影响力，所以，在中部地区，就业重构的进行，农村劳动力向第二、第三产业的转移扩大了城乡居民收入差距。

对于西部地区而言，固定效应和随机效应模型估计结果的差距同样很小，结合 Hausman 检验的结果，随机效应的估计结果更为有效。西部地区就业重构方向对城乡居民收入差距的影响方向与全国状况相同，影响系数为 -0.035，即第二、第三产业就业比重增加 1 个百分点会导致城乡居民收入比率下降 0.035。这种影响力高于全国水平的主要原因同样是西部地区是农村劳动力的净流出省份。而就业重构速度对西部地区城乡居民收入差距的影响方向也与全国状况相同，系数为 0.021，即就业重构速度增加 1 个百分点会导致东部地区城乡居民收入比率增加 0.021。由于就业重构速度对城乡居民收入差距的影响力低于就业重构方向的影响力，所以，在西部地区，就业重构的进行，农村劳动力向第二、第三产业的转移可以缩小城乡居民收入差距。

总之，对于就业重构方向而言，东部地区第二、第三产业就业比重的提高扩大了东部地区的城乡居民收入差距；中部和西部地区第二、第三产业就业比重的提高可以缩小中部地区和西部地区的城乡居民收入差距，并且这种影响在西部地区更为强劲。对于就业重构而言，在东部、中部、西部三个地区就业重构速度的加快，即产业结构的过快变动，都会导致本地区城乡居民收入差距的扩大，并且这种影响在中部地区最为强劲，西部地区次之、东部地区最小。从两种因素的综合影响来看，在东部和中部地区，就业重构的进行会导致城乡居民收入差距扩大，在西部地区，就业重构的进行会导致城乡居民收入差距的缩小。

四、Granger 因果关系检验

上一节面板数据模型所估计的就业重构方向和就业重构速度对城乡居民收入差距的影响是长期的均衡结果，反映的是就业重构方向和就业重构速度对城乡居民收入差距的长期累积影响。为进一步考察我国就业重构方向和就业重构速度对城乡居民收入差距的动态影响，还需要进行 Granger 因果关系检验。检验结果如表 6-5 所示。

表 6-5　城乡居民收入差距的 Granger 因果关系检验

原假设	F 统计量	结论
empdir 不是 gap 的 Granger 原因	22.33* (0.000)	拒绝
gap 不是 empdir 的 Granger 原因	2.73** (0.067)	拒绝
empspe 不是 gap 的 Granger 原因	13.68* (0.000)	拒绝
gap 不是 empspe 的 Granger 原因	2.29 (0.102)	接受

注：所有检验模型皆设定为三阶滞后；括号内为统计量对应的 p 值；*、** 和 *** 分别表示在 1%、5% 和 10% 水平上显著。

对于就业重构方向而言，在1%的检验水平下，可以认为就业重构方向（empdir）是城乡居民收入差距（gap）的Granger原因；在10%的检验水平下，也可以认为城乡居民收入差距（gap）是就业重构方向（empdir）的Granger原因。即第二、第三产业的就业比重与城乡居民收入差距存在双方Granger因果关系。城乡居民收入差距会促进农村劳动力向城镇第二、第三产业转移，引起第二、第三产业就业比重的提高，而这种转移反过来会导致农村居民收入水平的提高，从而导致城乡居民收入差距缩小。

对于就业重构速度而言，在1%的检验水平下，可以认为就业重构速度（empspe）是城乡居民收入差距（gap）的Granger原因，相反则不成立。

从以上对我国城乡居民收入差距的Granger因果关系检验的结果可以看出，就业重构方向和就业重构是我国城乡居民收入差距的Granger原因。这一检验结果进一步支持了面板数据模型的估计结果，即我国第二、第三产业就业比重的提高会促进城乡居民收入差距的缩小，而如果第二、第三产业就业比重过快提高，则就业重构速度过快会扩大城乡居民收入差距。

第四节 结论

本章在对我国农村居民收入构成进行分析的基础上，首先在理论上界定了城乡居民收入差距与就业重构方向和就业重构速度的关系。然后以城乡居民收入差距为被解释变量，以就业重构方向和就业重构速度为解释变量，利用1995~2014年我国31个省、直辖市、自治区的省际数据，设定面板数据模型测算就业重构方向和就业重构速度对城乡居民收入差距的影响。

全国各省份的面板数据模型估计结果表明，就业重构方向和就业重构速度对城乡居民收入差距具有显著性影响。第二、第三产业的就业比重增加 1 个百分点会导致城乡居民收入之比下降 0.015；第二、第三产业的就业重构速度增加 1 个百分点会导致城乡居民收入之比上升 0.082。从各地区的情况来看，虽然在东部、中部、西部地区就业重构方向和就业重构速度对城乡居民收入差距均具有显著性影响，但对于就业重构方向而言，在中部和西部地区，第二、第三产业就业比重的提高对城乡居民收入差距的缩小有更强的促进作用；而在东部地区，第二、第三产业就业比重的增加会引起城乡居民收入差距的扩大，而不是缩小。对于就业重构速度而言，在东部、中部、西部地区第二、第三产业就业比重的过快提高均会导致城乡居民收入差距的扩大。Granger 因果检验的结果进一步表明，就业重构方向和就业重构速度是我国城乡居民收入差距的重要原因。这些实证检验的结论证明了理论分析的正确性。

因此，无论是理论分析，还是利用我国实际数据的实证检验，都表明了农村劳动力向第二、第三产业转移所导致的第二、第三产业就业比重的提高，能够有效缩小城乡居民收入差距。主要原因是农村劳动力的非农就业能够促进其工资性收入和非农经营性收入的增加；同时，当农村剩余劳动力转移出第一产业之后，第一产业劳动力的边际产出上升，从而导致第一产业经营性收入增加。这些因素最终导致农村居民的收入增长速度高于城镇居民收入的增长速度，从而促进城乡居民收入差距的缩小。但如果就业重构速度过快，即产业结构变动速度过快，会导致城乡居民收入差距扩大。这主要是因为第二、第三产业就业比重增长过快对第二、第三产业工资水平的增长起到抑制性作用；同时，农村剩余劳动力的人力资本状况、技术水平在较短时间内不能适应第二、第三产业的技术要求，以及劳动力市场存在的流动性障碍，引起结构性失业增加。这些因素最终会导致农村居民相对收入水平甚至绝对收入水平的下降，从而导致城乡收入居民收入差距的扩大。

从东部、中部、西部三个地区就业重构方向和就业重构对城乡居民收入差距的影响力比较来看，对于就业重构方向而言，东部地区第二产业和第三产业就业比重的提高扩大了本地区的城乡居民收入差距；中部和西部地区第二、第三产业就业比重的提高可以使本地区的城乡居民收入差距缩小，并且这种影响在西部地区更为强劲。对于就业重构而言，东部、中部、西部三个地区产业结构的过快变动，都会导致本地区城乡居民收入差距的扩大，并且这种影响在中部地区最为强劲，西部地区次之，东部地区最小。

综合就业重构方向和就业重构速度对城乡居民收入差距的两方面影响，在东部和中部地区，就业重构的进行扩大了该地区城乡居民收入差距；在西部地区，就业重构的进行缩小了该地区城乡居民收入差距；在全国范围内，就业重构的进行，农村劳动力向第二产业和第三产业的转移扩大了我国城乡居民的收入差距。

第七章
私营及个体经济发展对城乡收入差距影响的实证分析

前文内容研究了农村剩余劳动力向城镇部门第二产业和第三产业转移所引起的就业重构对城乡居民收入差距的影响。从我国实际看,由于城镇第二产业和第三产业的国有经济部门和集体经济部门的就业门槛较高,从农村转移出来的劳动力进入国有和集体经济部门较为困难,大量的农村转移劳动力主要是进入第二产业和第三产业的私营经济和个体经济部门。这种情况下,农村劳动力转移则主要受私营及个体经济发展状况的影响。鉴于此,本部分内容主要是通过实证检验更深入地分析私营及个体经济发展对城乡居民收入差距的影响。

第一节 私营及个体经济发展的基本情况

1992年后,我国私营经济及个体经济部门进入黄金发展期。如私营企业的户数从1993年的23.8万户增加到2014年的1546.4万户;个体户的户数从1993年的1766.9万户增加到2014年的4984.1万户。因为私营经济及个体经济部门大都属于劳动密集型,对劳动力的技术水平要求相对较低,就业门槛不高,因此私营经济及个体经济的发展对我国就业水平的提高，尤其对农村劳动力的非农就业转移起到了极大的促进作用。如 1993 年，私营企业的就业人数为 372.6 万人，占全社会就业人数的 0.56%；个体户就业人数为 2939.3 万人，占全社会就业人数的 4.4%。而到 2014 年，私营企业的就业人数达到 14390.4 万人、占全社会就业人数的比重达到 18.6%；个体户就业人数达到 10584.6 万人、占全社会就业人数的比重达到 13.7%。私营经济和个体经济成分的就业总比重从 1993 年的 4.96% 增加到 2014 年的 32.3%。具体如图 7-1 所示。

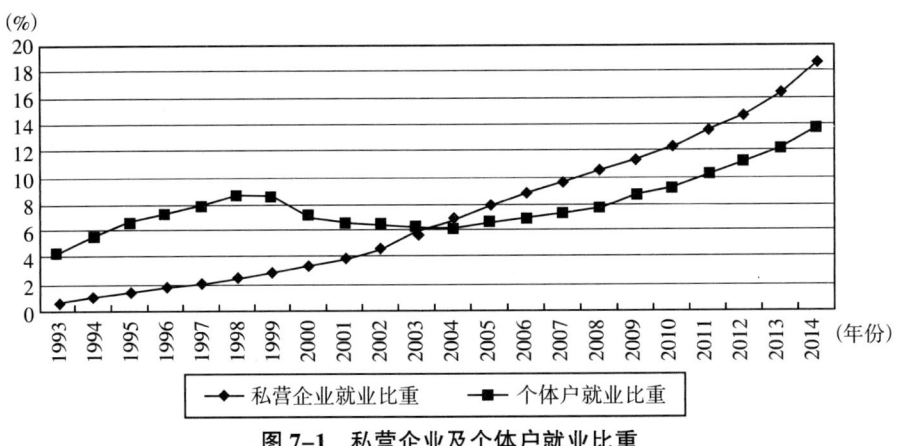

图 7-1　私营企业及个体户就业比重

资料来源：历年《中国统计年鉴》。

同时，随着市场经济改革的进行，劳动力市场逐步开放，劳动力的流动性得到较大提高，为农村劳动力向非农产业的转移提供了较好的条件。从我国劳动力市场的实际情况看，由于国有经济部门和集体经济部门或者属于资本密集型，或者对劳动力的技术水平具有较高要求，或者存在诸多行政障碍，我国农村劳动力向非农产业的转移主要是进入私营经济部门和个体经济部门。农村劳动力在私营经济部门和个体经济部门的就业可以比从事农业生产获得更高收入。因此，在理论上，私营经济和个体经济的发展可以有效地提高农村居民的收入水平，进而缩小城乡居民之间的收入差距。但从我国具体实践看，随着私营经济和个体经济的发展，我国城乡居民收入差距不仅没有缩小，反而在逐步扩大。并且通过图4-3与图7-1的简单比较可以发现，城乡居民收入差距的变化与私营经济和个体经济所占的就业比重根本不存在简单的线性关系。因此，私营经济和个体经济发展对城乡居民收入差距的影响究竟如何，需要从理论上和实证上进行深入的分析。

第二节 相关研究现状

目前与本部分内容相关的已有文献主要包括两个方面：一方面是私营经济和个体经济发展对社会就业水平的影响；另一方面是私营经济和个体经济发展对城乡居民收入差距的影响。

一、私营及个体经济发展对社会就业影响的相关文献

私营经济和个体经济发展对社会就业水平的影响是许多研究私营及个体经济发展和就业问题的学者所关注的主要方面。自20世纪90年代以来，这方面的研究文献非常多。虽然不同学者从不同的分析角度使用了不同的分析方法，但他们的观点和研究的结论非常一致，都认为私营经济和个体经济发展对社会就业起到了非常大的促进作用，研究结果都表明，私营经济和个体经济的发展可以有效地提高我的社会就业水平。如郢晓光、陈威燕（2002）认为，由于就业成本较低对劳动力技术水平的要求不高特点，私营经济和个体经济的发展在促进社会就业水平的提高方面具有独特优势；许晓红（2003）认为，加速发展私营及个体经济是缓解我国就业压力的重要突破口；刘颖（2005）认为，私营企业对解决我国就业难题贡献突出，已成为消化劳动力的主渠道，并利用大量数据证明了私营企业对就业的贡献大于国有企业；蒋荷新（2007）从就业弹性角度，认为由于二元

要素市场以及要素相对价格的扭曲，私营经济和个体经济的就业产业弹性远高于其他经济成分，较高的就业产出弹性使私营经济和个体经济显著地减轻了我国的社会就业压力；汪燕敏、柯健（2007）通过构建就业潜力模型，并使用 HP 滤波和单位根检验等方法的研究发现，2000 年以来，虽然我国个体经济就业能力有所减弱，但分段趋势是平稳的，并且其就业量很快恢复到原来的水平并持续增长；罗知（2011）从国际贸易的角度，使用我国 1998~2007 年省际分行业数据，构建联立方程组模型，其研究结果显示，贸易自由化能够通过对经济增长的拉动，对第三产业的就业起到有效的促进作用，并且贸易自由化程度的加深显著地促进了私营企业和个体企业就业水平的提高；张颖和朱绍勇（2012）利用计量经济模型的研究发现，江西省私营企业的发展显著地提高了社会就业水平，私营经济及个体经济的固定资产投资在城镇固定资产投资总额中所占的比重每提高 1 个百分点，能够带动社会总就业人数增加 28.418 万人；田大洲（2014）通过建立个体经济的就业函数和 ARMA 模型，利用 1981~2007 年个体经济发展的数据，发现个体经济对就业的吸纳能力与其注册资金数量和营业收入呈正相关关系；先礼琼（2014）研究发现，由于个体经济市场准入门槛较低，技术含量不高，大多属劳动密集型产业，因此个体经济的发展可以吸纳大量从业人员，从而缓解我国的就业压力。

二、私营及个体经济发展对城乡居民收入差距影响的相关文献

目前，研究私营经济和个体经济发展对城乡居民收入差距影响的文献较少。具有代表性的文献包括：先礼琼（2014）研究表明，虽然私营经济和个体经济的发展能够吸纳较多的社会劳动力，可以在一定程度上缓解我国的就业压力，但由于私营经济和个体经济部门的工资水平通常较低，并且其收入水平占社会总体收入水平的比重有所下降，这些因素的作用导致农村转移劳动力在私营经济和个体经济部门的就业并不能获得更高的相对收入，从而扩大城乡居民收入差距。另外，还有一部分学者的研究主要是

致力于私营经济和个人经济内部的收入分配问题。如王欢欢（2016）研究表明，中国私营经济内部的收入分配存在资本要素所得过高、劳动要素所得过低等问题，并主张从完善再分配系统、监督制约公共权力、构建和谐劳资关系等角度规范我国私营经济的收入分配。

从上面的文献综述能够看出，我国目前大多数相关文献主要是研究私营经济和个体经济发展对社会就业水平的影响以及对农村劳动力就业的影响，而分析私营经济和个体经济发展对城乡居民收入差距影响的文献非常少。为了弥补现有文献研究的这一缺失，本部分将私营经济和个体经济发展、农村劳动力转移、城乡居民收入差距三者相结合，在对私营及个体经济发展对农村劳动力转移以及城乡居民收入差距的影响进行理论界定的基础上，利用2003~2014年31个省份的面板数据构建计量模型，检验私营及个体经济发展对城乡居民收入差距的影响。

第三节　理论分析

由前面相关文献综述可知，众多学者一致认为私营及个体经济的发展对促进社会就业水平的提高起到积极的作用，并且由于国有经济部门和集体经济部门的就业门槛较高，农村劳动力向城镇第二产业和第三产业的转移主要是进入私营经济和个体经济部门，私营及个体经济就业人数的增加意味着农村劳动力向第二产业和第三产业转移规模的扩大。因此，私营和个体经济的发展对城乡居民收入差距影响的数理模型的构建与分析可等同于就业重构对城乡居民收入差距影响的数理分析部分。

以 M 表示私营及个体经济的就业人数，M 的增加表示私营及个体经济的发展，也表示农村劳动力向非农产业转移规模的扩大。农村第一产业的生产函数不变，将城镇部门的生产函数视同于私营及个体经济的生产函数。由于模型的假定、泰尔指数（TL）和城乡居民收入比率（R），以及具体的推演过程在此处省略，只保留数理分析的最后结果。具体如下：

$$\frac{\partial TL}{\partial M} \leq 0$$

$$\frac{\partial R}{\partial M} \leq 0$$

由上面两个式子可知，泰尔指数（TL）和城乡居民收入比率（R）都与 M 负相关，即私营及个体经济的发展，或农村劳动力向私营及个体经济的转移，会导致泰尔指数和城乡居民人均收入比率的下降。所以，当农村居民从事农业生产所获得的收入低于进入私营及个体经济部门所获得的收入时，农村居民就会放弃农业生产向私营及个体经济部门转移。并且这种转移会有效提高农村居民的收入水平，从而缩小城乡居民人均收入差距。

第四节 实证检验

前面理论分析所得到的私营及个体经济的发展有助于农村居民收入水平的提高，和城乡居民收入差距缩小的结论需要结合我国实际进行实证检验。本部分利用我国 2003~2014 年 31 个省份的私营及个体经济发展的面板数据，构建计量模型，并进行实证检验，揭示我国城乡居民收入差距与私营及个体经济发展的经验关系。

一、计量模型的设定与面板 Granger 因果检验

1. 计量模型的设定与估计

在我国经济增长方式转变过程中，城乡居民收入差距是多种因素共同作用的结果，除私营及个体经济的发展状况外，整体国民经济发展水平、城乡人力资本差距，政府的相关政策都会对我国城乡居民收入差距产生非

常重要的影响。本部分以私营及个体经济的发展状况为关注变量,将相关因素作为控制变量,将面板数据模型的形式设定如下:

$$gap_{it} = \beta_0 + \beta_1 private_{it} + \beta_2 self_{it} + \beta_3 X_{it} + \alpha_t + v_{it} \qquad (7-1)$$

其中,下标 i 和 t 代表第 i 个省份在第 t 年的指标数据,gap_{it} 代表我国城乡居民收入差距,$private_{it}$ 和 $self_{it}$ 分别代表私营及个体经济的发展状况,X_{it} 代表由整体国民经济发展水平、城乡人力资本差距和政府支农情况所组成的控制变量集合,v_{it} 代表模型的特异误差项,α_t 代表第 t 个年份的不可观测异质性。除这些影响因素外,政府宏观政策导向也会对城乡居民收入差距产生重要影响,但这种政策导向通常在经济发展的不同阶段都会有所不同,而且很难用具体的经济指标进行衡量。并且考虑到所有省份面对的政策环境基本相同,因此,在模型中引入时间异质性 α_t,以其反映各个省份在第 t 年共同面临的政策环境。需要指出的是,模型 1 没有考虑个体异质性问题,其主要原因在于我国不同省份城乡居民在个体偏好、文化背景、种族特征等方面不存在本质性差别。因此,除模型中引入的解释变量之外,其他可能影响城乡居民收入差距的因素可以认为基本同质。

政府关于居民收入差距的政策导向会随着经济发展水平而调整:当发展水平较低时,通常以不断扩大的收入差距为代价,以获取宏观经济的快速增长;当经济发展水平达到一定程度后,政府会逐步将政策重心由经济增长转向分配公平,收入差距随之缩小。二者的关系意味着,作为政策导向的反映,时间异质性(α_t)在理论上和 X_{it} 中的整体经济发展水平指标密切相关。另外,不同政策导向也对应着政府不同的支农政策,分配公平导向下的支农政策无论在广度上还是在强度上都将高于增长导向的支农政策。因此,时间异质性 α_t 同政府的支农支出也可能具有较强的相关性。这种情况下,为得到模型(7-1)中参数的一致估计,需要使用固定效应估计方法,以消除时间异质性 α_t 与解释变量相关所带来的影响,相应的估计模型为:

$$gap_{it} - \overline{gap_{it}} = \beta_1(private_{it} - \overline{private_{it}}) + \beta_2(self_{it} - \overline{self_{it}}) + \beta_3(X_{it} - \overline{X_{it}}) + (v_{it} - \overline{v_{it}})$$

其中，$\bar{y}_{it}$ 代表第 t 年变量 y 的组内均值。为考察估计结果的稳健性，后文也将给出随机效应的估计结果，并通过对不同结果的比较，进一步确定固定效应估计结果的合理性。

2. 面板 Granger 因果检验

为进一步明确城乡居民收入差距与私营经济和个体经济发展的关系，本部分利用 Granger 因果检验考察三者之间的因果次序。严格意义上，Granger 因果检验真正关注的是对结果变量（y）进行预测时，原因变量（x）滞后值的引入是否有助于预测结果的改进，具体的模型形式如下：

$$y_{it}=\alpha_{0i}+\alpha_1 y_{it-1}+\cdots+\alpha_k y_{it-k}+\beta_1 x_{it-1}+\cdots+\beta_k x_{it-k}+u_{it} \tag{7-2}$$

如果上式中所有的 β 系数联合不显著，就能够认为 x 不是 y 的 Granger 原因。基于模型（7-2）的面板 Granger 因果检验假定对于所有的个体 i，α 系数和 β 系数都相同。与此相反，Dumitrescu-Hurlin（2012）则假定所有个体 i 的系数都不相同，由此，将检验模型设定为：

$$y_{it}=\alpha_{0i}+\alpha_{1i} y_{it-1}+\cdots+\alpha_{ki} y_{it-k}+\beta_{1i} x_{it-1}+\cdots+\beta_{ki} x_{it-k}+u_{it} \tag{7-3}$$

相比较而言，基于模型（7-3）的检验结论更加稳健，但是，如果对于所有个体 i，α 和 β 系数确为常数，基于模型（7-2）的检验结果则更为可靠。为了分别考察私营经济发展、个体经济发展与城乡居民收入差距的因果关系，后文将考虑 y 和 x 的四种组合，即（gap，private）、（private，gap）、（gap，self）、（self，gap）。

与模型（7-1）简单比较可以看出，面板 Granger 因果检验的模型中都没有考虑个体效应的影响，其原因主要是估计方法或技术层面的问题，如果在因果检验模型中引入个体效应，标准的固定效应或随机效应估计量是不一致的，需要利用动态面板的相关技术予以处理，相应的 GMM 估计量理论上是一致的，但实际上可能由于工具变量的选择不当而出现严重偏差。因此，本部分将主要利用模型（7-2）和模型（7-3）进行 Granger 因果检验，并通过结合相关的理论分析，对城乡居民收入差距与私营经济发展和个体经济发展之间可能存在的因果关系进行综合推断。

二、指标选择与统计分析

1. 指标选择

本部分从数据的可得性,以及与所关注变量的相关程度这两个方面选择合适的度量指标。模型(7-1)中解释变量和被解释变量的度量指标见表7-1。城乡居民收入差距用城镇居民人均可支配收入与农村居民人均纯收入之比予以度量。如前文所述,虽然这一度量方法会导致城乡居民收入差距被低估,但在微观面板数据调查成本过于高昂的情况下,该指标相对而言仍能较好地反映城乡居民收入差距。对于私营经济和个体经济发展情况,其对城乡收入差距的影响主要源于其为农村剩余劳动力提供了更多的就业机会,因而这里分别使用私营企业和个体户就业人数与国内总就业人数之比进行度量。

表7-1 各变量的度量指标

变量	度量指标
城乡收入差距(gap)	城镇居民人均可支配收入与农村居民人均纯收入之比
私营经济发展情况(private)	私营企业就业人数占总就业人数比重
个体经济发展情况(self)	个体户就业人数占总就业人数比重
经济发展水平(development)	第二和第三产业增加值占地区国内生产总值比重
城乡教育差距(edugap)	城镇和农村居民平均受教育年限之比
政府支农情况(agric)	农业支出与地方公共财政支出之比①

控制变量中,对经济发展水平进行时间序列分析时,现有文献通常使用国内生产总值度量经济发展水平,但在省级面板数据分析中,直辖市等发展水平高的地区总体经济规模并不领先,但其第一产业所占比重一定很低。因而,本部分各省份经济发展水平指标使用该省份第二产业和第三产业增加值占地区GDP的比重进行度量。政府支农情况使用政府农业支出占

---

① 财政的农业支出2006年及以前为支农支出;2007年及之后为农林水事务支出。

地方公共财政支出的比重进行度量。城乡教育差距使用城镇居民和农村居民平均受教育年限之比进行度量。城镇居民和农村居民的平均受教育年限通过对各类教育程度人口数进行加权平均得到，即：

$$\frac{未受教育人数 \times 1 + 小学人数 \times 6 + 初中人数 \times 9 + 高中人数 \times 12 + 大专及以上人数 \times 16}{6 岁以上的总人口数}$$

2. 数据来源与描述性统计

本部分所有指标均为中国 2003~2014 年 31 个省份的面板数据，数据来自相关年份的《中国统计年鉴》，关于城镇和农村居民教育情况的部分数据来自相关年份的《中国人口和就业统计年鉴》。由于城镇和农村居民面对的价格指数差别不大，第一、第二、第三产业的价格指数也基本一致，因此，在计算城乡居民收入差距和经济发展情况两个指标时，直接使用城乡居民名义收入之比、各产业名义产值之比予以计算。各指标的描述性统计量如表 7-2 所示。

表 7-2 各指标的描述性统计量

变量	均值	标准差	最大值	最小值
gap	3.05	0.60	4.77	1.75
private	0.11	0.10	0.60	0.01
self	0.08	0.03	0.18	0.03
development	0.88	0.06	0.99	0.66
edugap	1.31	0.10	1.79	0.93
agri	0.32	0.60	4.77	0.006

表 7-2 显示，中国 31 个省份在 2003~2014 年城镇居民的人均收入大致是农村居民人均收入的 3.05 倍。西藏、云南、贵州、宁夏、甘肃、陕西等西部和边远省份的城乡居民收入差距相对较高，2003 年西藏城乡居民收入比率最高达到 4.77，远高于同期全国平均水平的 3.23。城乡居民收入差距较小的地区为经济相对发达的东部省份。2005 年天津的城乡收入比最低为 1.75，随后有所增加，但 2011 年最高也仅为 2.26。

私营经济和个体经济就业人数比重在总体上呈逐年上升趋势，但在不同省份差异较大，最大值为60%，最小值为1%，上海和北京地区的私营经济发展水平在全国无疑处于绝对的领先地位，紧随其后的是江苏、浙江等省份。贵州、甘肃、广西和河南等中西部省份的私营经济发展相对落后。2003年，贵州、甘肃、广西和河南私营经济就业人员比重分别为1.38%、2.40%、1.90%和1.45%。与私营经济相比较，个体经济发展相对比较缓慢，并且不同省份之间的差异较小，即使是发达省份也没有明显优势。如上海个体经济就业人员比重一直处于较低水平，2012年时最高，也仅为4.08%，远低于其私营经济的就业比重。贵州则属于个体经济和私营经济都比较落后的省份，2003年以来其私营经济就业比重维持在1%~9%，个体经济也一直处于9%以内。

以第二产业和第三产业增加值占本省GDP比重度量的经济发展水平，最高为2012年上海的99.37%，最低为2003年海南的65.79%。12年间，31个省份平均水平为87.59%，标准差仅为6.23%，说明不同年份不同省份之间的差距非常小。经济发展水平最高的上海、北京两地，自2003年以来第二、第三产业的产值比重一直保持在95%以上，海南、广西两省份发展水平相对较低。2010年后，所有省份的第二、第三产业的产值比重都超过了80%。

城乡教育差距一直被学者们认为是影响城乡居民收入差距的重要因素。宁夏、青海等西部省份的城乡居民教育差距与收入差距都高于其他省份，但北京、上海等居民收入差距较小的经济发达省份，城乡居民教育差距基本保持在1.2左右，稍低于全国平均水平的1.31，西藏城乡居民教育差距在2010年之前一直低于1.2，但西藏相应的城乡居民收入之比一直在3.5以上。这说明虽然对于劳动者个体而言，受教育水平是居民收入的重要影响因素，但从地区平均水平看，收入差距与教育差距的关系并不清晰。

政府的农业支出是提高农村居民收入，促使城乡居民收入差距缩小的重要手段，但政府的农业支出规模在很大程度上取决于当地政府的财政能力和政府的目标取向,这在不同省份差异非常大。全国各省份农业支出占地方公共财政支出的比重平均为 0.42%,但自 2010 年后,上海市在 4% 以上,而河南省作为农业大省,农业支出比重却长期处于 1% 以下。如果再考虑不同省份公共财政支出规模的差异,各省份农业支出的绝对数额的差异将更大。

三、面板数据模型估计与 Granger 因果检验

1. 面板数据模型的估计结果及分析

以经济发展水平(development)、城乡教育差距(edugap)和政府支农情况(agri)为 X 中的控制变量,对模型 1 进行固定效应估计,结果如表 7-3 所示。表中还给出了随机效应的估计结果。通过简单比较可以看出,固定效应模型和随机效应模型的估计结果存在较大差异,Hausman 检验统计量为 13.79,p 值为 0.02,在 5% 水平上拒绝原假设。这说明时间异质性与模型中解释变量相关,固定效应估计结果理论上更为稳健。在固定效应估计结果中,由于政府支农变量(agri)系数的 t 统计量为 1.04,p 值达到 0.30,统计上不显著。表 7-3 中的最后一列给出了剔除该变量后的固定效应估计结果。

表 7-3 模型(7-1)中面板数据模型的估计结果

解释变量	随机效应	固定效应	
private	−3.10* (0.49)	−2.87* (0.50)	−2.53* (0.38)
self	−3.25* (0.99)	−3.92* (1.12)	−4.09* (1.11)
development	−1.20*** (0.61)	−1.48** (0.62)	−1.54** (0.61)
edugap	1.41* (0.29)	1.63* (0.29)	1.66* (0.30)
agri	0.14** (0.06)	0.08 (0.08)	—

续表

解释变量	随机效应	固定效应	
常数项	2.82* (0.61)	2.83* (0.64)	2.83* (0.64)
R^2	0.3593	0.3885	0.3863
F统计量	34.09	13.9	14.33
Hausman 检验	13.79 (p=0.02)		

注：括号内为对应系数的标准误；*、** 和 *** 分别表示在 1%、5% 和 10% 水平上显著。

表 7-3 的估计结果显示，作为控制变量，经济发展水平（development）对城乡居民收入差距存在较为显著的负向影响。很多研究结果表明，宏观层面居民收入差距和经济发展水平之间存在"倒 U 型"关系，并且 2010 年之前我国城乡居民收入差距总体上随着经济的增长而不断拉大，但这里基于省际面板数据的检验结果则说明，第二产业和第三产业比重较高的发达省份的城乡居民差距明显较小。并且随着地区间发展水平趋于一致，城乡居民收入差距也将逐步缩小。

至于城乡教育差距（edugap）的影响，虽然描述性统计分析表明城乡居民收入差距较小的发达省份的城乡教育差距并不明显低于其他省份，但表 7-3 的估计结果显示，从全国平均水平看，控制其他因素之后，教育差距依然是影响城乡居民收入差距的重要因素。

虽然政府支农支出比重（agri）的系数为正，但不显著，p 值为 0.30，与基于表 7-2 的描述性统计分析一致。这可能是由两方面的因素所导致的：第一，我国城乡居民收入差距小的省份通常比较发达，这些省份有雄厚的财政支出用于农业，并且在扶贫和农民增收等宏观政策导向下，这些省份具有较高的农业支出比重；第二，在实际中，可能不是农业支出提高了农民收入，从而使城乡居民收入差距缩小，而过高的城乡居民收入差距迫使政府不得不增加农业支出。

对于私营经济和个体经济就业人员比重这两个关注变量，表 7-3 中的估计结果与前文的数理分析和本章前面的理论分析所得到的结论完全一致。删除冗余变量（agri）后，private 和 self 的系数分别为 -2.53 和 -4.09，显著为负。这意味着控制其他因素的影响，私营经济就业人员比重增加 1 个百分点，会导致城乡居民收入比下降 0.025；个体经济就业人员比重增加 1 个百分点，会导致城乡居民收入比大约下降 0.041。再结合表 7-2 中描述性的统计结果，可以推断，如果国内私营经济规模继续扩大，其就业人数占总就业人数的比重将达到 50%，从长期来看，国内平均城乡居民收入比将由现在的 2.97 下降到 2 左右；如果个体经济的就业比重达到 50%，城乡居民收入比在长期中将下降到 1.35 左右。

模型（7-1）中时间固定效应 α_t 可视为第 t 年政府针对我国城乡居民收入差距问题所采取的难以进行精确观测和度量的宏观政策导向。图 7-2 是 2003~2014 年各年度时间固定效应的估计结果。考虑到固定效应不可识别，这里通过施加约束条件 $\sum \alpha_t = 0$，以得到相应的估计结果。因此，在考察时间固定效应的经济含义时，应关注的是不同年份的相对变化情况，而不是其绝对数值。

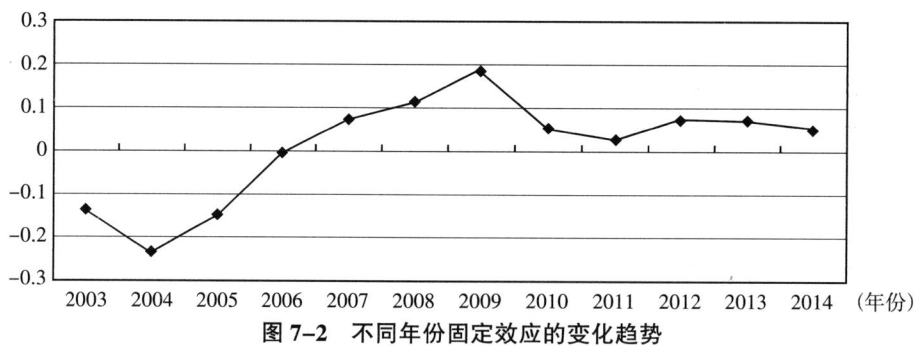

图 7-2　不同年份固定效应的变化趋势

图 7-2 显示，时间固定效应在 2004 年出现短暂下降之后就持续增加，2009 年达到最高水平，此后两年快速下降，2011 年达到近几年的最低水平，之后较为平稳。这意味着 2009 年前关于城乡居民收入差距的宏观政策导向基本是宽容的，经济的高速增长是政府的主要目标，这种政策导向在实际中对我国城乡居民收入差距的拉大具有明显的促进作用，相应地，

我国城乡居民收入比率在 2009 年达到 3.33∶1 的历史高点,同期国内基尼系数也达到 0.491 的历史高点。过大的收入差距带来了一系列经济和社会问题,随着分配制度的改革,政府宏观政策开始关注居民收入差距。这种政策导向的调整使居民收入差距有所缩小,2014 年城乡居民收入比率下降到 2.75∶1,国内基尼系数下降到 0.469。总体来看,时间固定效应的变化态势与我国关于收入差距的政策导向非常一致,在一定程度上表明模型(7-1)中时间固定效应模型较好地反映了我国城乡居民收入差距的变化特征。

2. 私营及个体经济发展与城乡居民收入差距的 Granger 因果检验

通过加快私营及个体经济发展来实现城乡居民收入差距的缩小可能是一个长期的过程,也就是说,即便政府通过一系列政策极大地刺激了私营及个体经济的发展,也可能需要较长时间才能实现农村居民收入的增加,进而逐步缩小城乡收入差距。从这一角度看,表 7-3 中的估计结果应该被看作一种长期的均衡结果,反映的是各解释变量对我国城乡居民收入差距的长期累积影响。为了进一步考察私营及个体经济发展对我国城乡居民收入差距的动态影响,下面将分别使用模型(7-2)和模型(7-3)进行 Granger 因果关系检验。检验结果如表 7-4 所示。

表 7-4 私营及个体经济发展与城乡居民收入差距的 Granger 因果检验

原假设	模型 2	模型 3	结论
	F 统计量	$\bar{Z}$ 统计量	
private 不是 gap 的 Granger 原因	3.21** (0.04)	3.60* (0.00)	拒绝
gap 不是 private 的 Granger 原因	0.68 (0.51)	0.29 (0.77)	接受
self 不是 gap 的 Granger 原因	10.92* (0.00)	5.00* (0.00)	拒绝
gap 不是 self 的 Granger 原因	0.82 (0.44)	1.61 (0.11)	接受

注:所有检验模型皆设定为二阶滞后;括号内为统计量对应的 p 值;*、**、*** 分别表示在 1%、5% 和 10% 水平上显著。

表 7-4 的检验结果显示,基于模型(7-3)的 Dumitrescu-Hurlin 方法,

与直接使用模型（7-2）的结论基本一致。在5%检验水平下，显著拒绝原假设：private 和 self 不是 gap 的 Granger 原因，相反方面的因果关系则不能被拒绝，p 值都大于 10%。因此，可以认为私营及个体经济发展是我国城乡居民收入差距变化的 Granger 原因，反之并不成立。即私营及个体经济发展会影响城乡居民收入差距，但城乡居民收入差距的变化并不会影响私营及个体经济的发展。理论上，私营及个体经济主要属于劳动密集型行业，其发展壮大为农村劳动力创造了大量的就业机会，在我国目前城乡劳动力市场分割比较严重的情况下，有效地提高了农村居民的收入水平，逐步缩小了城乡居民收入差距。相反，面对城乡居民收入差距的不断扩大，政府所使用的政策调控手段主要是对农村居民进行转移支付、促进农村教育发展、进行分配体制改革，等等，而对于私营及个体经济的发展则属于经济体制改革的战略规划范畴，其基本不受影响。

第五节 结论

本章利用我国 31 个省份 2003~2014 年的面板数据，将经济发展水平、城乡教育差距和政府支农支出等方面的指标作为控制变量，着重检验私营及个体经济的发展对我国城乡居民收入差距的影响。鉴于政府关于城乡居民收入差距问题的政策导向在不同经济发展阶段通常有所调整，对于这种由所有省份共同面对，并且很难准确度量的政策性因素，本章通过引入时间异质性予以处理。用私营及个体经济就业人员比重作为两个行业发展状况的代理变量，面板数据模型的估计结果表明，私营及个体经济发展对我国城乡居民收入差距均具有显著性影响。在控制其他因素影响的情况下，私营经济就业比重增加 1 个百分点，我国城乡居民收入比率下降 0.025；个体经济就业比重增加 1 个百分点，我国城乡居民收入比率下降 0.041。

Granger 因果检验进一步表明，私营经济和个体经济发展是我国城乡居民收入差距变化的重要原因，但没有明显证据表明城乡居民收入差距变化会对私营或个体经济的发展产生影响。这些检验结论证明了前文数理分析和理论分析所得结论的正确性。因此，无论是基于理论分析、数理推演，还是利用中国实际数据的计量检验，都表明农村劳动力转移，尤其是进入私营及个体经济部门，可以使农村居民收入水平得到有效提高，使我国城乡居民收入差距缩小。

第八章
研究结论与政策建议

第一节 研究结论

本书对经济增长方式转变、产业结构变动与就业重构关系及其对城乡居民收入差距的影响等相关文献进行评述的基础上,从就业重构对城乡居民收入差距的影响机制,中日韩三国在经济高速增长时期产业结构变动、就业重构与城乡居民收入差距的比较,我国就业重构影响因素的实证分析,就业重构对我国城乡居民收入差距影响的实证分析,私营及个体经济发展对城乡居民收入差距影响的实证分析等方面入手对我国经济增长方式转变过程中就业重构与城乡居民收入差距问题进行了理论界定、数理推演、实证检验。研究结论如下:

虽然我国于20世纪90年代就已确定了建立中国特色社会主义市场经济的改革目标,市场自发演进在我国的经济增长方式转变中日益发挥更强的作用,但实际中,政府主导推动仍是我国经济增长方式转变的主要力量。由于经济增长方式转变与经济结构变动存在联动机制,我国过去主要依靠要素和资源投入以及投资和出口拉动的经济增长方式决定了我国产业结构变动和就业重构的特征,进而对我国城乡居民收入差距产生重要影响。

通过中日韩三国经济高速增长时期产业结构变动、就业重构与城乡居民收入差距变动情况的比较发现，日本和韩国在经济高速增长过程中，城乡居民收入差距不仅没有扩大，反而逐步缩小；我国在经济高速增长过程中，城乡居民收入差距却不断扩大。其主要原因是日本和韩国在经济高速增长过程中，通过加强对农村教育与医疗等方面的投入，提高居民的受教育程度和身体素质，使农村劳动力的人力资本水平能够满足经济结构变动的要求，从而实现顺利转移，使就业结构的变动与产业结构变动相协调。同时，通过合理的产业政策以及"以工补农""以城带乡"的"新农村振兴运动"或"新村运动"实现了城乡的协调发展。我国在经济高速增长时期，由于制度性因素的约束、产业政策的失当、农村人力资本水平过低等因素，导致就业结构变动与产业结构变动发生严重偏离，城乡发展严重失衡。

对我国就业重构影响因素的实证分析结果表明：财政与金融支持、人力资本水平、第二、第三产业的产出状况对就业重构方向和就业重构速度具有显著性影响。财政与金融支持力度的增强、农村居民人力资本水平的提高、第二、第三产业产值比重的增加有效地提高了我国第二、第三产业的就业比重，从而促进我国农村剩余劳动力的顺利转移；并且金融支持力度的增强、城镇居民和农村居民人力资本水平的提高以及第二、第三产业产值比重的增加有效地提高了我国的就业重构速度，导致我国第二、第三产业就业比重的迅速提高。金融机构贷款总额每增加1百亿元，会导致第二、第三产业的就业人数占全社会就业人数的比重增加0.0195个百分点；政府公共财政支出每增加1百亿元，会导致第二、第三产业的就业比重增加0.102个百分点；农村居民平均受教育程度增加1年会导致第二、第三产业的就业比重提高1.2358个百分点；第二、第三产业的产值比重增加1个百分点，会导致第二、第三产业的就业比重增加0.5129个百分点。金融机构贷款总额每增加100亿元，会导致我国就业重构速度提高0.0319个百分点；城镇居民平均受教育程度增加1年会导致我国就业重构速度提高

1.7919个百分点；农村居民平均受教育程度增加1年会导致我国就业重构速度提高3.0725个百分点；第二、第三产业的产值比重增加1个百分点，会导致我国就业重构速度提高0.3456个百分点。

就业重构对城乡居民收入差距的实证分析结果表明：在全国范围内，就业重构方向和就业重构速度对城乡居民收入差距均具有显著性影响。第二、第三产业的就业比重增加1个百分点会导致城乡居民收入之比下降0.015；第二、第三产业的就业重构速度增加1个百分点会导致城乡居民收入之比上升0.082。从东部、中部、西部三个地区的比较看，对于就业重构方向而言，东部地区第二、第三产业就业比重的提高扩大了本地区的城乡居民收入差距；而中部地区和西部地区第二、第三产业就业比重的提高可以缩小本地区的城乡居民收入差距，并且这种影响在西部地区更为强劲。对于就业重构而言，在东部、中部、西部三个地区产业结构的过快变动，都会导致本地区城乡居民收入差距的扩大，并且这种影响在中部地区最为强劲，西部地区次之，东部地区最小。综合就业重构方向和就业重构速度对城乡居民收入差距的两方面影响，在东部和中部地区，农村劳动力转移、就业重构的进行扩大了该地区城乡居民收入差距；在西部地区，农村劳动力转移、就业重构的进行缩小了该地区城乡居民收入差距；在全国范围内，农村劳动力转移、就业重构的进行扩大了我国城乡居民收入差距。

私营及个体经济发展对我国城乡居民收入差距影响的实证分析表明：私营及个体经济发展对城乡收入差距均有显著性影响。农村劳动力进入私营及个体经济部门可以使农村居民收入水平得到有效提高，从而缩小我国城乡居民收入差距。在控制其他因素影响的情况下，私营经济就业人员比重增加1个百分点，城乡居民收入比率下降0.025；个体经济就业人员比重增加1个百分点，城乡居民收入比率下降0.041。

第二节　政策建议

一、日本缩小城乡收入差距的借鉴

如第四章所述，日本从20世纪50年代中期进入了经济高速增长阶段，在其整个高速增长过程中，其城乡收入差距不仅没有扩大，反而有所缩小。在高速增长结束之后，日本农村居民的收入水平反而高于城镇居民的收入水平。一方面，因为在其高速增长过程中由于人力资本能够满足经济结构转变的需要，就业重构与产业结构变动具有非常高的协调性；另一方面，日本产业政策在有力促进第二、第三产业发展的同时，对农村采取了更有力的扶持政策。

在产业政策方面，日本自"二战"之后到20世纪80年代，在不同时期通过制定不同的产业政策，明确各个时期产业发展的主要方向，有效促进了日本经济的高速增长。如1945~1949年采取"倾斜生产方式"的产业政策，通过大力扶持煤炭、钢铁、电力、化肥、运输等基础工业部门，为整个工业以及国民经济的恢复和发展奠定了坚实的基础。1950~1955年采取"产业合理化"的产业政策，通过金融扶持、降低赋税、降低生产成本、提高生产效率，对煤炭、钢铁、电力、造船等基础工业部门进行产业合理化的同时确立"贸易立国"战略，大力发展具有国际竞争力的出口主导产业。这一时期第一产业和第三产业比重得以提高，第二产业内部结构得以优化，产业结构逐步升级。1955~1959年采取"产业振兴与扶植"的产业政策，通过金融和税收优惠振兴和扶植新兴产业或成长性产业，保护和调整衰退产业，鼓励技术引进，强调消化吸收并迅速转化为国内生产力。1960~1973年采取支持重工业和化学工业的产业政策，使重化工业化率高于其他发达国家,并形成以高附加值的重化学工业品为主的出口结构,同时劳动生产率大幅提高,实现了产业结构的高级化。1973~1980年采取进一步调整产业结构促进结构升级的产业政策,努力发展低能耗,高技术、高知识的高级重化学工业,同时对污染排放进行严格限制。这一时期,技术和知识密集型产业大量产生,出口商品结构进一步优化,劳动生产效率进一步提高。上述日本在各个时期的产业政策有效地促进了日本产业结构的优化与升级,不同产业的协调发展为社会创造出大量的就业机会,对居民收入水平的提高起到极大的促进作用。

虽然日本20世纪60年代之前城乡居民收入差距有所扩大,在1961年达到1.52∶1,之后迅速缩小,到1990年达0.87∶1。这主要是因为日本采取了如下的政策:

第一,消除城乡分割的制度性因素,实现城乡一体化发展。日本的《宪法》确保了公民的自由迁移,《户籍法》提供了"户口随人走"法律保证。为实现农村剩余劳动力的大规模转移,大力加强农村社会化服务体系建设,实现了养老、医疗、教育等方面的城乡统筹发展,使农村与城市在法律地位、居民权利、社会保障、治理模式等方面的差别以及人口身份的差别得到彻底消除,政府向城镇和农村提供同等的公共服务,使劳动力在农村和城镇之间进行双向流动的后顾之忧得到消除。同时,通过制度改革实现农业耕地和农村住宅的自由流转,加大对城市居民到农村居住或投资的政策鼓励。

第二,大力振兴农村经济,努力提高农民收入水平。日本在20世纪60年代之后的新农村振兴运动分为两个阶段:第一阶段主要是大力发展农业生产,努力提高农村居民收入;第二阶段是大力加强农村地区的综合基础设施建设,努力提高农业和农村的现代化水平,提高农业生产力。具体措施有:一是提供法律和制度保障。1961年颁布的《农业基本法》把促进农业发展和提高农村居民收入作为首要目标,确保农村居民与其他从业人员享有同等的生活水平。1971年制定的《农村地区引入工业促进法》为农村居民提供更多的非农就业机会，切实解决农村居民的就业问题。1973年制定的《土地改良长期计划》将加强农村基础设施建设和改善农村生活环境作为农业开发的首要目标。二是通过政府补贴和政策性融资，促进劳动密集型工业企业向农村转移，通过农村工业化的发展吸纳农村剩余劳动力，通过非农收入的增加使农村居民收入得以提高。三是在政府引导和扶持下，根据地区优势，发展本地区具有标志性的产品或项目，开展"一村一品"运动，提升农村地区竞争。四是通过财政支持和税收减免降低农业生产成本，同时建立农业科研技术援助体系和农业改良推广体系，使农业科技水平和农业生产效率得以提高。

第三，加强农村地区的社会化服务体系，实现农村全面发展，实现城乡一体化发展。一是1959年出台的《国民健康保险法》实现了包括所有农村居民在内的全民医疗保险。二是1959年发布的《国民年金法》实现了包括所有农村居民在内的全民社会养老保险。三是加大包括基础教育和农民职业技术教育在内的公共教育投资，普及高中教育、构建政府、学校和民间团体等多元化的农村教育体系，提高农村居民人力资本水平，为农业科技知识的推广和让农村居民掌握现代农业经营方式奠定基础。

第四，充分发挥农业协同组织（简称"农协"）的作用，努力维护农村居民的合法权益。农协是根据《农业协同组合法》而建立的一种农民自我管理的互助性组织，包括基层、地方、全国的三级系统。其职能是提高农业、农村及农民地位，推进农业现代化、发展农村经济，实现农民增收。一是在农产品生产、加工和销售等领域确保农民的有利地位，维护农民的合法权益，并为农业生产和农民生活提供金融支持。二是进行利益表达，促进政府调整农业政策，维护农民利益，并提供部分公共服务。

第五，推崇均富社会思维，助力城乡收入差距的缩小。日本政府在全社会推崇均富思维与社会贡献，注重结果公平，鼓励收益好的企业与收入高的富人将部分利润和收入返还社会，通过投资社会公共事业让全社会共享社会发展的成果（王鸿春、坂本晃，2011）。

二、韩国缩小城乡收入差距的借鉴

韩国于20世纪60年代初期采取了以城市为主的工业化,对重化学工业和劳动密集型轻纺工业实行多项倾斜政策,这些政策的实施虽然使韩国迅速走上了工业化道路,并进入经济高速增长时期,但在20世纪60年代城乡居民收入差距有所扩大。进入70年代之后,韩国政府为防止城乡居民收入的进一步扩大,立即启动了著名的"新村运动",通过"以工哺农、以工带农、以城哺乡"的城乡一体化建设,努力缩小城乡收入差距,实现城乡协调发展。"新村运动"分为三个阶段:第一阶段主要是加强农村基础设施建设,改善村容、村貌;第二阶段主要是推出增加农民收入计划,通过调整农业结构、推广良种和先进技术,实现农民收入的提高;第三阶段主要是发展以农产品加工为主的农村工业,实现农村经济结构的优化与升级(袁金旺、董雪,2010)。具体措施包括:

第一,进行体制改革与制度创新,创造良好的制度环境。通过体制改革与制度创新为农村发展创造良好的制度环境,为农村生产力的进一步解放与发展,实现农村、农业的现代化奠定良好的基础。一是制定乡村城镇化建设的法律法规,如《农渔村发展特别措施法》《农渔村整备法》《基础设施吸引民间资本促进法》等,这些法规明确了各级政府的管理权限和各经济主体的行为边界,保证了乡村城镇化建设有序发展。二是为加快农村城镇化进程,制定人口自由迁徙制度,使大量农村居民进入城镇并转化为产业工人,同时扩大了农村人均耕地面积,增加了留在农村的居民的收入。三是为鼓励土地集中和规模化经营,修改原有的土地政策,创新土地管理制度,放宽土地买卖、租赁以及农户最大土地拥有量方面的限制,同时推出农民退休支付计划,推动土地流转。

第二,推进"以工哺农",统筹城乡发展。从20世纪70年代韩国步入工业化中期阶段之后,注重工业反哺农业,城市带动农村,采取各种措施支持农村发展。一是在制度、资金、公共服务等方面向农村倾斜。二是推进农村产业结构优化与产业结构升级。如通过优质种子推广，提高农产品产量与质量。通过先进技术引进，采取工业生产方法与工艺，提高农村生产效率。通过发展特色农业以及与农业相关的农村工业，实现农产品价值增值。三是支持大企业进入农村，推动工业化向农村地区扩散，支持农村企业的发展，并对乡镇企业发展提供财政支持和税收优惠，增加农民的非农收入。四是提高收购大米的价格，提高农民种植水稻的积极性，并增加农民的农业收入。

第三，加强农村基础设施建设，改善农村生活与生产环境。韩国政府通过加大对农村地区的财政支持力度，大力发展农村基础设施建设，以农民房屋修缮、水井桥梁修理、乡村公路硬化、卫生条件改善、江河及小水库整治、普及农业机械化等十六项重点建设项目为中心（袁金旺等，2015），使农村居民的居住环境、农村生产的交通、水利、电力等基础设施条件得到极大的改善，为新村建设的其他项目奠定了良好的发展基础。

第四，加强农村公共服务体系建设，实现城乡协调发展。一是通过财政支持建立健全农村社会保障体系，大力发展农村福利事业。二是努力进行人力资本投资，如优先发展农村基础教育，尤其是落后地区的基础教育。开办农业知识讲座和农业技能培训班，指导农村居民发展现代农业。在农村实行强制性医疗保险，建立完善的农村居民全覆盖的农村医疗保障制度。

第五，加强农村经济合作组织，提高农村居民的组织化程度。为解决农村小生产与社会大市场的矛盾，韩国政府从1961年开始，引导农村居民在自愿的基础上建立农民经济合作组织。1984年颁布实施的《农协法》，使农村经济合作组织得到进一步的发展和完善（袁金旺等，2015）。农村经济合作组织以发展农业生产为主、以提高农民的经济和社会地位为目标，引导并参与农业物资供应、加工、销售、保险等环节。农村经济合作组织不仅由于效率高、成本低，在农业生产和农业流通等方面发挥了重要作用，而且为农业生产提供了大量资金，并且对农民进行技能培训，积极进行农业新技术推广,发展现代农业,并实现产业化经营,提高农业生产效率。

韩国的"新村运动",通过上述具体措施不仅改善了农业生产条件和农村的村容、村貌,大幅提高了农村居民的收入水平,而且从根本上改变了农民的价值观和人生观,从物质和精神两个层面缩小了城乡差距,实现了整个社会的协调发展。

三、我国未来的政策建议

根据前文理论分析、数理推演和实证检验所得到的结论,借鉴日本和韩国在经济高速增长时期所采取的缩小城乡居民收入差距的经验,并基于我国国内劳动力、土地等要素成本上升导致传统比较优势逐步弱化,人民群众对环境质量的要求空前提高,社会对公平正义的追求明显上升,以及国际市场动荡,贸易保护主义加剧等实际情况提出如下政策建议:

(一) 总体政策建议

按照新时代中国特色社会主义思想,进一步强化市场经济的改革方向,充分发挥市场自发演进在我国经济增长方式转变中的作用;在生产投入方面,将过去主要依靠要素和资源投入的经济增长方式转变为依靠科技进步和创新驱动的经济增长方式,在需求方面,将过去依靠投资和出口拉动的经济增长方式转变为依靠内需,尤其是依靠消费拉动的经济增长方式;加强财政与金融支持力度、提高农村居民人力资本水平,增强我国产业结构变动和就业重构的协调性;努力促进私营及个体经济发展,从而为社会创造更多的就业机会,促进农村劳动力的顺利转移,实现农村居民工资性收入和非农经营性收入的快速增长;消除农村劳动力的流动性障碍,加快农村已转移劳动力的市民化进程;借鉴日本与韩国的经验,结合我国实际,通过"以工哺农""以城带乡"加大对农村经济发展的扶持力度,切实解决"三农"问题,使农村居民收入得以快速增长,从而缩小城乡居民收入差距,实现城乡协调、均衡发展。

(二) 具体政策建议

1. 经济增长方式转变的政策建议

我国原有的在供给方面以要素投入和资源投入数量的增加实现产出增长的外延型或粗放型经济增长方式,以及在需求方面以投资和出口拉动实现产出增长的经济增长方式不利于农村居民收入水平的提高和城乡居民收入差距的缩小。因此要想切实提高农村居民的收入水平,缩小我国城乡居民收入差距必须首先转变我国原有的经济增长方式。但经济增长方式的转变是一个复杂的系统工程,必须通过进一步解放思想,在"新发展理念"的基础上,进行全面的改革与创新,建立有利于经济增长方式转变的制度模式,并形成长效机制。

第一,牢固树立并坚持"新发展理念",实现整个社会的创新、协调、绿色、开放、共享发展。所谓"新发展理念"是以创新发展解决动力问题,以协调发展解决不平衡、不充分的问题,以绿色发展解决人与自然和谐和可持续发展问题,以开放发展解决内外联动发展以及开放程度和开放质量问题,以共享发展解决公平正义、收入水平、公共服务的城乡差异和区域差异问题。在经济增长方式转变过程中,一是要破除唯GDP的观念,树立新发展理念;二是要增强家庭和企业的微观主体意识,增强市场机制的作用,政府要有所为、有所不为;三是要经济效益与社会效益并重、短期效益与长期效益并重。

第二,充分发挥市场力量,将我国原来的政府主导推动型经济增长方式转变为与市场自发演进型经济增长方式转变相结合的转变类型。我国已经进入工业化中期阶段,在经济增长方式转变过程中应充分发挥市场的自发调节功能。在实施主体方面,使家庭、企业、政府共同发挥作用,尤其是增强家庭和企业的作用;在主要手段方面,使市场手段、法律手段、行政手段共同发挥作用,尤其是增强市场手段和法律手段的作用;在作用机制方面,使"看不见的手"与"看得见的手"共同发挥作用,尤其是发挥"看不见的手"的作用;在执行方面,既要发挥政府事后调整的作用,又要发挥市场的事前和事中调整的作用,既注重短期均衡,又注重长期均衡。

第三,建立有利于经济增长方式的制度模式。由于不同的制度与体制将塑造不同的经济增长方式。经济增长方式的转变需要强有力的制度保证,实现市场自发演进和政府主导推动的有机结合。一是要依法维护家庭、企业各微观主体的市场地位,充分发挥他们的能动作用;二是要健全市场规则、促进市场竞争、强化市场管理,实现生产要素的充分流动和优化配置;三是切实实现间接手段为主、直接手段为辅的宏观调控机制,消除政府对微观主体的直接干预,增强宏观调控的导向作用,建立政府调控市场、市场调控企业的协同机制。

第四,在供给方面,形成以技术进步、创新驱动的内涵型或集约型增长方式。一是要以技术进步和创新驱动为核心,加强政府对基础教育、基础研究和重大项目研究的科教与研发投入;二是要加强激励机制建设,构建以企业为主体、以市场为导向、以"产""学""研"相结合的科技创新体系,尤其是原发科技的自主创新体系,提高自主创新能力;三是要完善、健全人才合理流动机制,实现人才充分流动和合理配置。通过上述措施切实将以前的依靠要素投入数量增加和资源消耗数量增加的外延型或粗放型增长方式转变为依靠技术进步和创新驱动、生产效率提高的内涵型或集约型增长方式。

第五,在需求方面,形成以内需尤其是以消费拉动的增长方式。我国总需求结构当中,消费率不仅大大低于美国等主要发达国家和俄罗斯、印度、巴西、南非等金砖国家,也低于大多数发展中国家。过低的消费率给我国经济的持续、协调、均衡发展带来了极大的制约。而消费水平主要由收入水平和消费倾向所决定,所以要形成以消费拉动的增长方式。一是要切实增加居民尤其是农村居民的收入水平。收入是消费的源泉,只有收入水平的提高才能带来消费水平的提高。二是要提高居民消费倾向。而消费倾向又取决于人口的年龄结构、收入分配差距状况、社会保障体系是否完善以及金融信用体系是否健全。因此,要通过人口政策解决老龄化问题;

通过收入分配制度改革提高低收入者的收入水平，缩小居民收入差距；完善社会保障体系解决人们消费的后顾之忧；加快金融信用体系建设，为居民消费提供信贷支持。这些措施的实施有利于全社会消费倾向提高，使居民将更多的收入用于消费支出，从而实现向依靠内需尤其是依靠消费拉动的经济增长方式转变。同时，努力促进民间投资规模的扩大，实现消费与投资的良性互动，实现整个经济的均衡、持续、协调发展。

2. 经济结构调整的政策建议

日本和韩国在经济高速增长过程中城乡居民收入差距逐步缩小，而我国在经济调整增长过程中城乡居民收入差距却在逐步扩大，其重要的原因在于，在日本和韩国的经济结构调整中，就业重构与产业结构变动是相协调的，而我国是不相协调的。尤其是我国第一产业产值比重的下降速度明显高于就业比重的下降速度，致使大量的剩余劳动力仍滞留于农村，大大降低了第一产业的相对劳动生产率，制约了农村居民收入水平的提高。产业结构变动与就业重构在一定时期内存在一定程度的偏离是经济高速增长或增长方式转变过程中不可避免的现象，但如果长期处于偏离状态或者偏离度过大，不仅会造成严重的效率损失，也会导致失业的增加和收入差距的扩大，使社会发展的公平目标受到影响。因此，在我国今后的经济结构调整中，应特别注重就业重构与产业结构变动的协调性，缩小第一产业相对劳动生产率与第二、第三产业的差距，从生产的角度为农村居民收入水平的提高、为缩小城乡居民收入差距奠定基础。

第一，降低对国际市场的依赖，提高经济安全度。我国的经济构调整应从长远利益出发，既要发挥我国的比较优势又要防止陷入比较优势的陷阱，要把经济调整的重心转移到内需，降低对国际市场的依赖度，增强我国经济抵御外部冲击的能力。将多元化、多角度、多方位经济发展战略与国家经济安全意识结合起来，将国家经济结构调整战略与全球化战略结合起来（王志伟，2010）。

第二，进一步促进产业结构的优化与升级。虽然从产业结构角度来看，我国目前已经进入工业化后期阶段，但相对于后工业化时期的要求，我国目前仍然存在第二产业比重过高，第三产业比重过低，劳动密集型产业、资源型产业和重化工产业仍占主导地位等问题。并且，由于国际市场对我国制造业产品的需求将不断下降，而国内劳动力成本将不断上升，土地、资源、原材料价格将不断上升，第二产业的进一步发展面临巨大制约。因此，我国应进一步降低第二产业的比重，继续提高第三产业比重。对于第一产业，在保证粮食安全的前提下，努力发展特色农业、有机农业、绿色农业、观光农业、休闲农业和技术示范农业等现代农业，同时延长农产品产业链，提高农产品的附加值，以此提高农村居民第一产业的经营性收入；对于第二产业，主要是提升产业档次、丰富产业层次。努力降低主要依靠资源投入、污染严重的低端产业的比重，用高新技术对传统制造业进行全面改造升级，同时改变在国际产业分工中"两头在外"的状况，向产业链高端发展，努力提高以深加工为主的高端产业比重，提升我国产业在国际产业分工中地位，最终通过新兴产业的规模化发展为农村转移劳动力创造更多的就业机会；对于第三产业，努力提高服务业尤其是新型金融保险、大数据信息服务、电子商务、现代物流、诊断咨询、动漫、会展、高新技术服务、商务服务等现代服务业和生产性服务业的比重，既与高端制造业相互支撑、共同提高，又可以为社会创造更多的就业机会。而现代服务业与生产性服务业比重的提高要求制造业对科研研发、产品设计、标准制定、产权保护、品牌服务、零部件供应、市场营销、售后服务等环节的需求由"两头在外"的状态变为"两头在内"的状态（马晓河，2013）。

第三，进一步促进私营与个体经济发展。从我国实际看，私营与个体经济是吸纳农村转移劳动力就业的主力军。因此，今后应切实消除目前私营及个体经济发展所面临的制度性障碍，坚持市场化改革，改善创业环境，降低创业门槛，从税收、信贷、服务等方面为私营及个体经济的发展创造更为宽松的制度与市场环境，有效推进私营及个体经济的规模化增长，使其对农村劳动力的吸纳能力及提高农村居民收入水平的作用得以充分发挥。

第四，进一步改进我国的创新体制与制度环境。经济结构的调整必须以创新和技术进步为前提，进入工业化后期，单纯依靠技术模仿和技术引进无法实现技术超越。因此，我国必须采取措施建立以原发技术为主的自主创新体系，并加强知识产权保护，努力营造创新至上的社会环境与制度环境，消除抑制创新各种制约因素，营造不同所有制企业间的公平竞争环境、设计激励机制、鼓励原发性创新及成果推广。以创新为驱动，实现我国在整个价值链环节的产业全面升级。

第五，完善劳动力市场，促进农村劳动力转移。产业结构的变化，要求劳动力产业间的自由流动，以实现就业重构和产业结构变动的协调发展。一是切实消除户籍制度、社会保障体系等制约农村劳动力转移的制度性障碍。二是完善劳动力市场，提供充分的劳动力供求信息，降低农村劳动力流动的风险和成本。

3. 人力资本投资的政策建议

我国就业重构与产业结构变动的不协调，以及农村居民收入增长缓慢，在很大程度上是因为农村劳动力的人力资本状况不能适应经济结构变化的需要。由于我国农村劳动力技术水平和受教育程度低，在产业结构变动过程中，不能满足城镇第二、第三产业的要求，大量农村剩余劳动力无法顺利转移而只能滞留于农村第一产业，这既导致就业结构的调整滞后于产业结构的调整，也导致城乡居民收入差距的拉大。农村居民收入增长缓慢会进一步抑制人力资本投资的增加，农村劳动力相对素质进一步下降，使农村第一产业相对劳动生产率进一步下降，使城乡收入差距进一步扩大。因此，面对新常态下"人口红利"的逐步消失，要提高我国就业重构与产业结构变动的协调性，打破上述恶性循环，缩小城乡居民收入差距，必须建立提高农村劳动力人力资本水平的长效机制，全面提升农村劳动力素质。

第一,切实改变教育资源的城乡配置格局,提高农村居民教育资源的拥有量。收入的差距主要是受教育程度的差距。因此,要提高农村居民的收入水平,必须首先提高农村劳动力的受教育程度。幼儿教育和基础教育具有公共物品属性,具有很强的正外部性。因此,应加大对农村幼儿教育和基础教育的投入力度,同时提高农村教育工作者的素质、改善农村基础教育的软硬件环境,使农村居民享有与城镇居民同等的教育资源,打破城乡教育起点不公平的状况。实现教育资源均等化不仅可以提高农村劳动力的素质,为其增收奠定基础,同时也有利于整体国民素质的提高,有利于经济社会更高层次的发展。

第二,加强对农村劳动力的职业教育与技能培训,提高农村劳动力的就业适应能力。农村劳动力的结构性失业主要是因为其技能水平不能适应第二、第三产业的技术要求。随着第二、第三产业的发展,劳动力市场对新兴产业人才和高技能人才会产生巨大需求,但农村劳动力的职业技能严重滞后于市场需求[1]。因此,政府和大企业应加大对农村劳动力的职业技能培训、职业发展规划以及就业指导的投入力度,提高农村劳动力的生产技能,增强农村劳动力的就业能力和创业能力,同时,加强职业教育和技能培训与劳动力市场需求的联系。这些措施一方面可以解决农村劳动力的就业障碍,实现收入增长,另一方面可以解决新兴产业劳动力短缺的问题。

第三,加强对农村的医疗卫生投入,提高农村劳动力身体素质。主要是加大对农村医疗卫生事业的投入力度,努力实现农村居民和城镇居民在享有医疗卫生资源和服务的均等化,努力提高农村劳动力的身体素质和增收能力。

第四,扭转人力资本的单向流动,促进人力资本向农村的回流。目前,我国人力资本的流向只是从农村流向城市,农村人力资本处于只流

---

[1] 国家统计局发布的《2012年农民工监测调查报告》显示,目前农民工是我国流动人口的主力军,但在农民工中,接受过农业技能培训的仅占10.7%,接受过非农职业技能培训的仅占25.6%,既没有接受过农业技术培训也没有接受过非农职业技能培训的农民工高达69.2%。

出、不流入的状况。这种人力资本的流动状态只会损害农村经济的发展，导致城乡居民收入差距的逐步扩大。今后应努力采取措施扭转这种状态，促进人力资本向农村的回流。一是充分认识城市部门对农村地区的技术溢出效应，真正实现城市对农村的带动。二是鼓励来自农村的高校毕业生和高素质农民工回乡创业，带动农村经济发展，带动农村居民收入水平的提高。

4. 财政与金融支持的政策建议

在我国工业化初期，为解决工业化进程所面临的资本短缺问题，我国通过财政、金融、价格等渠道对农村资金进行掠取来支持城镇工业部门的发展。据测算，1985~2004年，农村资金通过财政渠道净流出合计为16075.02亿元；1979~2004年，农村资金通过农村信用社和农村邮政储蓄两个机构的净流出合计为11674.26亿元；通过工农产品价格剪刀差和土地低价征用等流出的资金量更大（朱红恒，2011）。工业化初期的这些措施导致社会资金迅速向城镇集中，使农村经济发展所需的资金要素日益稀缺，使农村经济的发展水平大大滞后于城镇经济的发展，从而导致农村居民收入的增长受到严重的制度性压抑，与城镇居民的收入差距越拉越大。虽然目前随着农业税的取消、信贷资金的回流、农产品价格的放开，农村资金的净流出状态得到缓解，但由于城镇部门的效率高于农村部门，经济增长的重心仍在城镇，导致政府的财政和金融行为仍具有明显的城镇倾向，资金投向仍主要集中在城镇部门，农村经济的发展仍面临资金短缺的制约。并且，我国目前已进入工业化后期阶段，在财政、金融领域应转变过去的"抽水"为"补水"，为农村经济的发展和农村居民收入的提高提供资金支持。

第一，矫正财政支持的城市倾向，加大对农村的支持力度。一是增加财政支出中用于农村基础建设的比例，改善农村的交通、通信、农林水利等生产性和服务性基础设施状况。二是加大对农村科学教育、文化卫生等公共事业的财政支持力度，提高农村劳动力的人力资本水平。三是加大对县、乡基层财政的转移支付和税收返还力度，提高基层政府的财政能力。四是加大"退耕还林""退耕还草""土地征用"的补贴力度，保证农民利益不受环境治理、城市扩张的影响。五是中央财政和地方财政相配合，增强惠农政策的实施力度和效果。对已经形成政策规定的常规性补贴由中央财政统一集中拨付，对良种、化肥、机械、技术等的临时性专项补贴由地方财政拨付（卢华、朱文君，2015）。同时，地方政府应根据当地农村经济的特点，制定合理的财政支农政策，设立支持农村经济发展的专项资金，切实促进农村经济发展（葛蕾等，2015）。六是保持惠农政策的连续性，为农村经济的发展的农村居民的增收提供长期稳定的政策支持。

第二，创新金融模式，加大对"三农"的倾斜力度。一是从制度上规定金融机构对农村的支持，建立多元化的、可持续的支持农村经济发展的投融资机制。二是大力发展农村金融和村镇银行，实现城乡金融的均衡发展。三是加快农地货币化改革，尽快建立货币化土地银行，释放土地流转、承包、租赁的制度红利，使农村居民从土地流转中真正得到好处（姚志、谢云，2017）。四是充分发挥政策性金融对农村经济的扶持作用，加大扶持力度，弥补营利性商业性金融服务供给的不足。五是深化农村金融体制改革，降低农村金融准入门槛，推动民间资本在农村依法设立中小型金融机构和小额贷款公司，根据地方经济发展的特点设立专项扶持基金（葛蕾等，2015）。同时，降低农村居民及农村中小企业的贷款门槛，并通过税收减免和利率优惠、扩大农村抵押品范围，使农村居民的生产经营活动及增收获得更多的金融支持。六是鼓励各类普惠金融服务供给主体通过互联网、大数据等现代信息技术手段进行金融产品和金融服务方式的创新，努力拓展农村居民享受金融服务的机会与路径（张建波，2018）。七是通过加快个人与企业征信系统建设，杜绝政府对农村金融的强制性干预等措施，从而营造良好的信用环境和行政环境，提高农村金融的可持续性。

第三，提高财政、金融资金的转化效率。通过财政和金融渠道能否更好地促进农村经济的发展，实现农村居民收入水平的提高，一是取决于财政、金融资金向农村地区投放的规模,二是取决于财政、金融资金的配置效率和使用效率。因此,在推进农村财政、金融规模扩张的同时,要注意资金的合理配置和充分利用,改变"重投放、轻管理、无服务"的现象,使财政、金融的支农资金真正转化为生产力,实现农村地区经济的发展和农村居民收入的提高。

5. 制度改革的建议

农业与农村由于自然属性的限制,使之与第二、第三产业和城市的竞争居于劣势地位。单纯地依靠市场竞争,农村的发展必然落后于城市的发展,农村居民的收入水平必然低于城镇居民的收入水平。因此,在我国进入工业化后期阶段之后,要从制度层面,加强对农业、农村和农民的保护,通过工业反哺农业、城镇带动农村,切实解决"三农"问题。

第一,促进收入分配制度改革,缩小城乡收入差距。我国现阶段的收入分配制度是按劳分配为主体、多种分配形式并存,按劳分配与按生产要素分配相结合的制度。这种分配制度有利于提高各要素参与生产的积极性,促进经济效率的提高,有利于推动我国经济、社会的可持续、均衡发展。在初次分配领域当中,我国作为社会主义国家,针对目前劳动收入份额过低的现状,应真正落实按劳分配为主的分配制度,努力规范资本、土地、技术和管理等要素参与分配的制度,努力提高劳动者的工资水平,提高劳动收入在国民收入当中的份额。在以投资和出口拉动的经济增长方式中,劳动者的工资水平往往被当成成本看待,从而为降低生产成本而受到抑制。但在以消费拉动的经济增长方式中,劳动者的工资收入不仅是生产成本,更重要的是消费的源泉,工资收入的增加有利于消费需求的增长,并有利于经济结构优化与产业结构升级。因此,实现经济增长方式转变,实现产业结构优化与产业结构升级的重中之重是进行以提高劳动者收入为核心的收入分配制度改革(史晋川,2012);在再次分配领域中,应主要针对初次分配所造成的难以避免的要素间收入差距和区域间收入差距,而通过税收、转移支付和社会保障等财政手段进行收入平衡。由于农业和农村的劣势地位,在初次收入分配中从事农业的收入会低于非农产业的收入,农民的收入会低于城镇居民的收入。因此,在我国进入工业化中期阶段后,在再次分配领域中应努力加大对农业、农村、农民的支持,努力消除工业化进程中所形成的城乡居民收入差距。

第二,深化户籍制度改革,推进农村转移人口的市民化进程。目前,我国从农村转移的劳动力已经成为产业工人的重要组成部分。但在城乡二元制度条件下,农村转移人口进入城镇后,既难以改变身份,也难以享受与城镇居民同等的公共服务。并且目前大部分新生代农民工已经不可能重新转回农村,但农民工在城乡间和区域间的大规模频繁流动不仅对农民工个人及家庭,而且对整个社会的均衡发展均带来不利影响。在这种环境下,农村劳动力进入城镇非农产业,虽然对非农产品的生产和供给具有促进作用,但对社会消费需求的带动作用较小。因此,应深化户籍制度改革,彻底改变城乡二元制度,放宽中小城市的落户条件,消除人口自由迁徙的障碍,推动以人为本的城镇化进程,真正实现农村转移人口的市民化,实现劳动力要素配置的最优化。农村转移人口的市民化,一方面有利于服务业的发展,而服务业的发展又进一步为社会创造更多的机会;另一方面有助于提高我国就业重构与产业结构变动的协调性,从而促进城乡居民收入差距的缩小。

第三,加强城乡社会保障体系建设,推进公共服务均等化。目前我国居民在社会保障和公共服务的享有方面存在两种差别,一是农村居民与城镇居民的差别,二是进城务工人员与城镇居民的差别。在今后的发展中,应从制度层面加强城乡统筹的社会保障体系建设,推进公共服务均等化。首先解决进城务工人员与城镇居民的差别,然后解决留在农村的居民与城镇居民的差别。目前,我国虽然有大量农村剩余劳动力进城务工,但并不进入城镇社会保障范围,无法与城镇居民享受同等的公共服务。同工不同酬、非正规就业、拖欠工资等现象大量存在。因此,政府应通过社会保障制度改革,使进城务工的劳动力在工资待遇、社会保障、医疗保险、子女教育、家庭住房等方面享受与城镇居民同等的国民待遇，切实提高进城务工的农村劳动力的福利水平和生活质量。另外，政府应在农村加大社会保障体系建设和公共服务提供的财政投入，使留在农村的居民与城镇居民享有同等的养老、医疗、教育等公共服务，最终实现社会保障体系一体化和公共服务的均等化。

附 录

附表1 我国经济高增长时期的产业结构、就业结构与城乡收入差距

年份	GDP增长率(%)	产值比重（%）			就业比重（%）			城乡收入比率（倍）	全社会基尼系数
		第一产业	第二产业	第三产业	第一产业	第二产业	第三产业		
1978	11.6	27.9	47.6	24.5	70.5	17.3	12.2	2.57	
1979	7.6	30.9	46.8	22.3	69.8	17.6	12.6	2.53	
1980	7.9	29.9	47.9	22.2	68.7	18.2	13.1	2.50	
1981	5.1	31.6	45.8	22.6	68.1	18.3	13.6	2.24	0.288
1982	9.0	33.0	44.5	22.5	68.1	18.4	13.4	1.98	0.249
1983	10.8	32.8	44.1	23.1	67.1	18.7	14.2	1.82	0.264
1984	15.2	31.8	42.8	25.5	64.0	19.9	16.1	1.84	0.297
1985	13.5	28.1	42.6	29.3	62.4	20.8	16.8	1.86	0.266
1986	8.9	26.8	43.4	29.8	60.9	21.9	17.2	2.13	0.297
1987	11.7	26.5	43.2	30.3	60.0	22.2	17.8	2.17	0.305
1988	11.3	25.4	43.4	31.2	59.4	22.4	18.3	2.17	0.382
1989	4.2	24.7	42.4	32.9	60.0	21.6	18.3	2.28	0.349
1990	3.9	26.7	40.9	32.4	60.1	21.4	18.5	2.20	0.343
1991	9.3	24.2	41.4	34.5	59.7	21.4	18.9	2.40	0.324
1992	14.3	21.4	43.0	35.6	58.5	21.7	19.8	2.58	0.376
1993	13.9	19.4	46.1	34.5	56.4	22.4	21.2	2.80	0.359
1994	13.1	19.5	46.1	34.4	54.3	22.7	23.0	2.86	0.436
1995	11.0	19.7	46.7	33.7	52.2	23.0	24.8	2.71	0.445

续表

年份	GDP增长率(%)	产值比重（%）			就业比重（%）			城乡收入比率(倍)	全社会基尼系数
		第一产业	第二产业	第三产业	第一产业	第二产业	第三产业		
1996	9.9	19.4	47.0	33.6	50.5	23.5	26.0	2.51	0.485
1997	9.2	18.0	47.0	35.0	49.9	23.7	26.4	2.47	0.403
1998	7.8	17.2	45.7	37.1	49.8	23.5	26.7	2.51	0.403
1999	7.6	16.1	45.3	38.6	50.1	23.0	26.9	2.65	0.397
2000	8.4	14.7	45.4	39.8	50.0	22.5	27.5	2.79	0.417
2001	8.3	14.1	44.7	41.3	50.0	22.3	27.7	2.90	0.490
2002	9.1	13.4	44.3	42.3	50.0	21.4	28.6	3.11	0.454
2003	10.0	12.4	45.5	42.1	49.1	21.6	29.3	3.23	0.479
2004	10.1	13.0	45.8	41.2	46.9	22.5	30.6	3.21	0.473
2005	11.3	11.7	46.9	41.4	44.8	23.8	31.4	3.22	0.485
2006	12.7	10.7	47.4	41.9	42.6	25.2	32.2	3.28	0.487
2007	14.2	10.4	46.7	42.9	40.8	26.8	32.4	3.33	0.484
2008	9.6	10.3	46.8	42.9	39.6	27.2	33.2	3.31	0.491
2009	9.2	9.9	45.7	44.4	38.1	27.8	34.1	3.33	0.490
2010	10.6	9.6	46.2	44.2	36.7	28.7	34.6	3.23	0.481
2011	9.5	9.5	46.1	44.3	34.8	29.5	35.7	3.13	0.477
2012	7.9	9.5	45.0	45.5	33.6	30.3	36.1	3.10	0.474
2013	7.8	9.4	43.7	46.9	31.4	30.1	38.5	2.81	0.473
2014	7.3	9.2	42.7	48.1	29.5	29.9	40.6	2.75	0.469
2015	6.9	8.8	40.9	50.2	28.3	29.3	42.4	2.73	0.462
2016	6.7	8.6	39.9	51.6	27.7	28.8	43.5	2.72	0.465

资料来源：基尼系数来自中国国家统计局网站（http://www.stats.gov.cn/）；其他数据来自历年《中国统计年鉴》。

附表2 我国经济高增长时期的就业结构与产业结构的协调性

年份	就业产出弹性			相对劳动生产率（倍）				结构偏离度（%）			
	第一产业	第二产业	第三产业	第一产业	第二产业	第三产业	总偏离度	第一产业	第二产业	第三产业	总偏离度
1978				0.40	2.75	2.02	3.37	-42.6	30.3	12.4	85.3
1979	0.05	0.40	5.48	0.44	2.66	1.76	2.98	-38.9	29.2	9.6	77.7
1980	0.21	0.47	0.58	0.43	2.63	1.70	2.90	-38.9	29.7	9.2	77.8
1981	0.16	1.33	0.78	0.46	2.50	1.66	2.70	-36.6	27.5	9.0	73.1
1982	0.26	0.76	0.29	0.48	2.41	1.67	2.60	-35.1	26.0	9.1	70.2
1983	0.08	0.36	0.56	0.49	2.36	1.63	2.50	-34.3	25.4	8.9	68.5
1984	-0.05	0.60	0.52	0.50	2.15	1.59	2.24	-32.3	22.9	9.4	64.6
1985	0.08	0.34	0.18	0.45	2.04	1.75	2.34	-34.3	21.7	12.6	68.6
1986	0.05	0.49	0.34	0.44	1.98	1.74	2.28	-34.1	21.5	12.7	68.3
1987	0.08	0.27	0.34	0.44	1.94	1.70	2.20	-33.5	21.0	12.6	67.0
1988	0.09	0.14	0.20	0.43	1.94	1.71	2.22	-34.0	21.0	13.0	68.0
1989	0.29	-0.14	0.10	0.41	1.96	1.80	2.35	-35.3	20.7	14.6	70.6
1990	0.92	2.60	2.24	0.44	1.91	1.75	2.22	-33.4	19.5	13.9	66.8
1991	0.09	0.06	0.14	0.40	1.93	1.82	2.35	-35.6	20.0	15.6	71.1
1992	-0.11	0.09	0.21	0.37	1.98	1.80	2.41	-37.1	21.3	15.8	74.1
1993	-0.14	0.10	0.30	0.34	2.06	1.63	2.35	-37.0	23.7	13.3	74.0
1994	-0.07	0.06	0.27	0.36	2.03	1.49	2.16	-34.8	23.4	11.4	69.5
1995	-0.11	0.08	0.37	0.38	2.03	1.36	2.01	-32.5	23.7	8.9	65.1
1996	-0.13	0.19	0.37	0.38	2.00	1.29	1.91	-31.1	23.5	7.6	62.2
1997	0.02	0.19	0.18	0.36	1.98	1.33	1.95	-31.9	23.3	8.6	63.9
1998	0.39	0.08	0.18	0.35	1.95	1.39	1.99	-32.6	22.2	10.4	65.2
1999	-3.51	-0.21	0.17	0.32	1.97	1.43	2.08	-34.0	22.3	11.7	67.9
2000	0.67	-0.11	0.23	0.29	2.02	1.45	2.18	-35.3	22.9	12.3	70.5
2001	0.19	0.01	0.12	0.28	2.00	1.49	2.21	-35.9	22.4	13.6	71.9
2002	0.15	-0.38	0.31	0.27	2.07	1.48	2.28	-36.6	22.9	13.7	73.2
2003	-0.25	0.10	0.25	0.25	2.11	1.44	2.30	-36.7	23.9	12.8	73.4
2004	-0.16	0.27	0.34	0.28	2.03	1.35	2.10	-33.9	23.3	10.6	67.8

续表

年份	就业产出弹性			相对劳动生产率（倍）				结构偏离度（%）			
	第一产业	第二产业	第三产业	第一产业	第二产业	第三产业	总偏离度	第一产业	第二产业	第三产业	总偏离度
2005	-0.92	0.34	0.19	0.26	1.97	1.32	2.03	-33.1	23.1	10.0	66.1
2006	-0.65	0.34	0.16	0.25	1.88	1.30	1.93	-31.9	22.2	9.7	63.8
2007	-0.20	0.32	0.04	0.25	1.74	1.33	1.82	-30.4	19.9	10.5	60.9
2008	-0.15	0.10	0.15	0.26	1.72	1.29	1.75	-29.3	19.6	9.7	58.5
2009	-0.80	0.39	0.24	0.26	1.64	1.30	1.68	-28.2	17.9	10.4	56.4
2010	-0.22	0.18	0.10	0.26	1.61	1.28	1.63	-27.1	17.5	9.6	54.2
2011	-0.28	0.18	0.19	0.27	1.56	1.24	1.53	-25.3	16.6	8.6	50.5
2012	-0.30	0.41	0.11	0.28	1.48	1.26	1.46	-24.1	14.7	9.4	48.1
2013	-0.71	-0.04	0.52	0.30	1.45	1.22	1.37	-22.0	13.6	8.4	44.0
2014	-1.05	-0.05	0.53	0.31	1.43	1.18	1.30	-20.3	12.8	7.5	40.7
2015	-0.88	-0.46	0.36	0.31	1.40	1.18	1.27	-19.5	11.6	7.8	38.9
2016	-0.42	-0.29	0.26	0.31	1.38	1.19	1.26	-19.1	11.1	8.1	38.3

资料来源：根据历年《中国统计年鉴》的数据进行计算而得。

附表3 日本经济高增长时期的产业结构、就业结构与城乡收入差距

年份	GDP增长率（%）	产值比重（%）			就业比重（%）			城乡收入比率（倍）
		第一产业	第二产业	第三产业	第一产业	第二产业	第三产业	
1955	6.8	21.0	39.3	39.7	37.6	24.4	38.1	1.25
1956	6.2	17.8	42.2	39.9	36.0	25.0	39.1	1.45
1957	7.3	16.9	43.0	40.1	34.3	26.2	39.6	1.47
1958	6.4	16.3	42.2	41.5	32.8	27.1	40.1	1.51
1959	8.3	15.4	43.8	40.8	31.1	27.4	41.5	1.52
1960	11.3	13.8	46.5	39.7	30.2	28.0	41.8	1.48
1961	10.0	12.9	47.2	39.9	29.0	29.4	41.6	1.52
1962	6.7	12.3	46.7	41.0	27.8	30.7	41.5	1.48
1963	7.7	11.5	47.2	41.4	26.0	31.2	42.8	1.28
1964	9.2	10.3	47.6	42.1	24.7	31.5	43.8	1.25

续表

年份	GDP增长率(%)	产值比重（%）			就业比重（%）			城乡收入比率(倍)
		第一产业	第二产业	第三产业	第一产业	第二产业	第三产业	
1965	5.1	10.4	46.4	43.3	23.5	31.9	44.6	1.19
1966	9.7	9.9	45.4	44.7	22.2	32.2	45.6	1.14
1967	10.5	9.7	45.9	44.5	21.1	33.3	45.7	1.05
1968	10.5	8.5	46.5	45.0	19.8	34.1	46.2	1.07
1969	11.8	7.5	47.5	45.0	18.8	34.6	46.7	1.07
1970	10.1	6.4	48.6	45.0	17.4	35.2	47.4	1.07
1971	4.7	5.5	48.4	46.1	15.9	35.5	48.6	1.06
1972	8.6	5.7	47.5	46.8	14.7	35.8	49.5	0.97
1973	8.2	6.1	48.0	45.9	13.4	36.6	49.9	0.92
1974	-1.6	5.9	46.9	47.2	12.9	36.5	50.6	0.89
1975	2.8	5.9	45.3	48.8	12.7	35.3	52.0	0.87
1976	4.0	5.7	45.3	49.0	12.2	35.3	52.5	0.88
1977	3.6	5.4	44.5	50.1	11.9	34.9	53.2	0.88
1978	4.2	5.0	44.7	50.3	11.7	34.5	53.8	0.86
1979	6.8	4.6	44.4	50.9	11.2	34.4	54.4	0.86
1980	4.6	3.9	44.9	51.2	10.4	34.9	54.7	0.87
1981	3.8	3.8	45.1	51.1	10.0	34.8	55.2	0.87
1982	2.9	3.7	44.3	52.0	9.7	34.3	55.9	0.88
1983	2.5	3.6	43.5	52.9	9.3	34.2	56.5	0.87
1984	4.2	3.5	43.9	52.6	8.9	34.3	56.8	0.87
1985	5.0	3.4	43.6	53.0	8.8	34.4	56.8	0.89
1986	2.4	3.2	43.1	53.7	8.5	34.1	57.5	0.90
1987	4.5	3.0	42.8	54.2	8.3	33.4	58.3	0.90
1988	6.1	2.8	43.1	54.1	7.9	33.8	58.3	0.90
1989	5.2	2.7	42.9	54.4	7.6	33.9	58.5	0.87
1990	5.2	2.7	43.1	54.2	7.3	33.8	59.0	0.87

注：①GDP 增长率是按 1990 年价格计算；②三次产业产值比重不包括政府部门。

资料来源：①GDP 增长率、产值比重、就业比重、城乡收入比率来自日本国家统计局网站：http://www.stat.go.jp/english/data/chouki/index.htm；②基尼系数来自世界不平等数据库。

附表 4　日本经济高增长时期的就业结构与产业结构的协调性

年份	相对劳动生产率（倍）				结构偏离度（%）			
	第一产业	第二产业	第三产业	总偏离度	第一产业	第二产业	第三产业	总偏离度
1955	0.56	1.61	1.04	1.09	−16.6	14.9	1.6	33.1
1956	0.49	1.69	1.02	1.21	−18.2	17.2	0.8	36.2
1957	0.49	1.64	1.01	1.16	−17.4	16.8	0.5	34.7
1958	0.50	1.56	1.03	1.10	−16.5	15.1	1.4	33.0
1959	0.50	1.60	0.98	1.12	−15.7	16.4	−0.7	32.8
1960	0.46	1.66	0.95	1.25	−16.4	18.5	−2.1	37.0
1961	0.44	1.61	0.96	1.20	−16.1	17.8	−1.7	35.6
1962	0.44	1.52	0.99	1.09	−15.5	16.0	−0.5	32.0
1963	0.44	1.51	0.97	1.10	−14.5	16.0	−1.4	31.9
1964	0.42	1.51	0.96	1.13	−14.4	16.1	−1.7	32.2
1965	0.44	1.45	0.97	1.04	−13.1	14.5	−1.3	28.9
1966	0.45	1.41	0.98	0.98	−12.3	13.2	−0.9	26.4
1967	0.46	1.38	0.97	0.94	−11.4	12.6	−1.2	25.2
1968	0.43	1.36	0.97	0.96	−11.3	12.4	−1.2	24.9
1969	0.40	1.37	0.96	1.01	−11.3	12.9	−1.7	25.9
1970	0.37	1.38	0.95	1.06	−11.0	13.4	−2.4	26.8
1971	0.35	1.36	0.95	1.07	−10.4	12.9	−2.5	25.8
1972	0.39	1.33	0.95	0.99	−9.0	11.7	−2.7	23.4
1973	0.46	1.31	0.92	0.94	−7.3	11.4	−4.0	22.7
1974	0.46	1.28	0.93	0.89	−7.0	10.4	−3.4	20.8
1975	0.46	1.28	0.94	0.88	−6.8	10.0	−3.2	20.0
1976	0.47	1.28	0.93	0.88	−6.5	10.0	−3.5	20.0
1977	0.45	1.28	0.94	0.88	−6.5	9.6	−3.1	19.2
1978	0.43	1.30	0.93	0.93	−6.7	10.2	−3.5	20.4
1979	0.41	1.29	0.94	0.94	−6.6	10.0	−3.5	20.1
1980	0.38	1.29	0.94	0.98	−6.5	10.0	−3.5	20.0
1981	0.38	1.30	0.93	0.99	−6.2	10.3	−4.1	20.6
1982	0.38	1.29	0.93	0.98	−6.0	10.0	−3.9	19.9

续表

年份	相对劳动生产率（倍）				结构偏离度（%）			
	第一产业	第二产业	第三产业	总偏离度	第一产业	第二产业	第三产业	总偏离度
1983	0.39	1.27	0.94	0.95	−5.7	9.3	−3.6	18.6
1984	0.39	1.28	0.93	0.96	−5.4	9.6	−4.2	19.2
1985	0.39	1.27	0.93	0.95	−5.4	9.2	−3.8	18.4
1986	0.38	1.26	0.93	0.95	−5.3	9.0	−3.8	18.1
1987	0.36	1.28	0.93	0.99	−5.3	9.4	−4.1	18.8
1988	0.35	1.28	0.93	0.99	−5.1	9.3	−4.2	18.6
1989	0.36	1.27	0.93	0.98	−4.9	9.0	−4.1	18.0
1990	0.37	1.28	0.92	0.99	−4.6	9.3	−4.8	18.7

资料来源：本表数据为根据附表3的数据计算而得。

附表5 韩国经济高增长时期的产业结构、就业结构与城乡收入差距

年份	GDP增长率（%）	产值比重（%）			就业比重（%）			基尼系数
		第一产业	第二产业	第三产业	第一产业	第二产业	第三产业	
1961	4.9	40.8	18.7	40.5				0.320
1962	2.5	39.1	19.0	42.0				
1963	9.5	45.3	18.9	35.7				
1964	7.6	48.3	20.0	31.7				0.330
1965	5.2	39.4	21.3	39.3				0.344
1966	12.7	36.5	22.1	41.4				
1967	6.1	32.4	23.0	44.7				
1968	11.7	30.7	24.5	44.8				
1969	14.1	30.0	25.5	44.6				
1970	12.9	27.5	24.5	48.0				0.333
1971	10.4	27.9	23.6	48.6				
1972	6.5	27.0	24.6	48.3	50.6	18.3	31.0	
1973	14.8	25.1	27.4	47.5	50.0	20.0	30.0	
1974	9.4	24.9	26.6	48.5	48.2	22.0	29.8	
1975	7.3	25.4	27.4	47.2	45.9	23.8	30.4	

续表

年份	GDP增长率(%)	产值比重(%)			就业比重(%)			基尼系数
		第一产业	第二产业	第三产业	第一产业	第二产业	第三产业	
1976	13.5	24.1	29.1	46.8	44.6	26.4	29.0	0.361
1977	11.8	22.8	30.3	46.9	41.8	27.5	30.7	
1978	10.3	21.0	32.4	46.7	38.4	29.5	32.1	
1979	8.4	19.5	33.6	46.8	35.8	30.1	34.1	
1980	-1.9	15.1	34.2	50.7	34.0	29.0	37.0	0.367
1981	7.4	15.8	33.8	50.4	34.2	27.8	38.0	
1982	8.3	14.8	34.3	51.0	32.1	27.9	40.1	0.357
1983	12.2	13.5	35.6	50.9	29.7	29.1	41.1	
1984	9.9	12.7	36.8	50.6	27.1	30.7	42.2	0.354
1985	7.5	12.5	36.1	51.4	24.9	30.8	44.3	0.345
1986	12.2	11.1	37.2	51.7	23.6	31.9	44.5	
1987	12.3	9.9	38.1	52.0	21.9	34.0	44.1	
1988	11.7	9.9	38.4	51.7	20.7	34.9	44.5	0.336
1989	6.8	9.1	37.7	53.2	19.5	35.0	45.5	
1990	9.3	8.2	38.2	53.6	18.3	35.1	46.6	
1991	9.7	7.3	39.2	53.5	16.7	35.6	47.7	
1992	5.8	7.1	37.9	55.0	16.0	34.6	49.4	0.349
1993	6.3	6.4	38.2	55.5	14.8	33.2	52.0	0.325
1994	8.8	6.2	38.0	55.8	13.7	33.2	53.1	
1995	8.9	5.8	38.4	55.8	12.4	33.3	54.3	0.335
1996	7.2	5.5	37.8	56.7	11.7	32.5	55.9	0.326
1997	5.8	5.0	37.5	57.5	11.3	31.2	57.5	0.317
1998	-5.7	4.6	37.0	58.4	12.4	27.8	59.8	
1999	10.7	4.8	36.5	58.8	11.6	27.4	61.0	
2000	8.8	4.4	38.1	57.5	10.6	28.1	61.2	

注：表中的空白部分为数据缺失。

资料来源：①GDP增长率、产值比重、就业比重来自世界发展指标数据库；②基尼系数来自世界收入不平等数据库。

附表6 韩国经济高增长时期的就业结构与产业结构的协调性

年份	相对劳动生产率（倍）				结构偏离度（%）			
	第一产业	第二产业	第三产业	总偏离度	第一产业	第二产业	第三产业	总偏离度
1972	0.53	1.34	1.56	1.37	−23.6	6.3	17.3	47.2
1973	0.50	1.37	1.58	1.45	−24.9	7.4	17.5	49.9
1974	0.52	1.21	1.63	1.32	−23.3	4.6	18.7	46.5
1975	0.55	1.15	1.55	1.15	−20.5	3.6	16.8	40.9
1976	0.54	1.10	1.61	1.18	−20.5	2.7	17.8	41.0
1977	0.55	1.10	1.53	1.08	−19.0	2.8	16.2	38.0
1978	0.55	1.10	1.45	1.01	−17.4	2.9	14.5	34.9
1979	0.55	1.12	1.37	0.94	−16.2	3.5	12.7	32.4
1980	0.44	1.18	1.37	1.10	−18.9	5.1	13.7	37.7
1981	0.46	1.22	1.33	1.08	−18.4	6.0	12.4	36.8
1982	0.46	1.23	1.27	1.04	−17.3	6.4	10.9	34.6
1983	0.45	1.22	1.24	1.01	−16.2	6.5	9.7	32.4
1984	0.47	1.20	1.20	0.93	−14.4	6.0	8.4	28.9
1985	0.50	1.17	1.16	0.83	−12.4	5.3	7.1	24.9
1986	0.47	1.17	1.16	0.86	−12.6	5.4	7.2	25.1
1987	0.45	1.12	1.18	0.85	−12.0	4.1	7.9	24.0
1988	0.48	1.10	1.16	0.79	−10.8	3.6	7.2	21.6
1989	0.47	1.08	1.17	0.78	−10.4	2.7	7.7	20.8
1990	0.45	1.09	1.15	0.79	−10.0	3.0	7.0	20.1
1991	0.44	1.10	1.12	0.79	−9.4	3.6	5.8	18.8
1992	0.44	1.10	1.11	0.76	−8.9	3.4	5.5	17.8
1993	0.43	1.15	1.07	0.79	−8.5	4.9	3.5	16.9
1994	0.45	1.15	1.05	0.75	−7.5	4.8	2.7	15.1
1995	0.47	1.15	1.03	0.71	−6.6	5.1	1.5	13.2
1996	0.47	1.16	1.01	0.71	−6.2	5.3	0.8	12.4
1997	0.44	1.20	1.00	0.76	−6.3	6.3	0.0	12.7
1998	0.37	1.33	0.98	0.98	−7.8	9.2	−1.4	18.4
1999	0.41	1.33	0.96	0.96	−6.8	9.1	−2.2	18.2
2000	0.41	1.36	0.94	1.00	−6.2	10.0	−3.7	19.9

资料来源：本表数据为根据附表5的数据计算而得。

附表7　中日韩就业重构与产业结构变动协调性比较

年份	相对劳动生产率的总偏离度			结构总偏离度（%）		
	日本	韩国	中国	日本	韩国	中国
t	1.09		3.37	33.1		85.3
t+1	1.21		2.98	36.2		77.7
t+2	1.16		2.90	34.7		77.8
t+3	1.10		2.70	33.0		73.1
t+4	1.12		2.60	32.8		70.2
t+5	1.25		2.50	37.0		68.5
t+6	1.20		2.24	35.6		64.6
t+7	1.09		2.34	32.0		68.6
t+8	1.10		2.28	31.9		68.3
t+9	1.13		2.20	32.2		67.0
t+10	1.04		2.22	28.9		68.0
t+11	0.98	1.37	2.35	26.4	47.2	70.6
t+12	0.94	1.45	2.22	25.2	49.9	66.8
t+13	0.96	1.32	2.35	24.9	46.5	71.1
t+14	1.01	1.15	2.41	25.9	40.9	74.1
t+15	1.06	1.18	2.35	26.8	41.0	74.0
t+16	1.07	1.08	2.16	25.8	38.0	69.5
t+17	0.99	1.01	2.01	23.4	34.9	65.1
t+18	0.94	0.94	1.91	22.7	32.4	62.2
t+19	0.89	1.10	1.95	20.8	37.7	63.9
t+20	0.88	1.08	1.99	20.0	36.8	65.2
t+21	0.88	1.04	2.08	20.0	34.6	67.9
t+22	0.88	1.01	2.18	19.2	32.4	70.5
t+23	0.93	0.93	2.21	20.4	28.9	71.9
t+24	0.94	0.83	2.28	20.1	24.9	73.2
t+25	0.98	0.86	2.30	20.0	25.1	73.4
t+26	0.99	0.85	2.10	20.6	24.0	67.8
t+27	0.98	0.79	2.03	19.9	21.6	66.1

续表

年份	相对劳动生产率的总偏离度			结构总偏离度（%）		
	日本	韩国	中国	日本	韩国	中国
t+28	0.95	0.78	1.93	18.6	20.8	63.8
t+29	0.96	0.79	1.82	19.2	20.1	60.9
t+30	0.95	0.79	1.75	18.4	18.8	58.5
t+31	0.95	0.76	1.68	18.1	17.8	56.4
t+32	0.99	0.79	1.63	18.8	16.9	54.2
t+33	0.99	0.75	1.53	18.6	15.1	50.5
t+34	0.98	0.71	1.46	18.0	13.2	48.1
t+35	0.99	0.71	1.37	18.7	12.4	44.0
t+36		0.76	1.30		12.7	40.7
t+37		0.98	1.27		18.4	38.9
t+38		0.96	1.26		18.2	38.3
t+39		1.00			19.9	

注：日本的t为1955年，韩国的t为1961年，中国的t为1978年。

附表8 中日韩城镇化率比较

单位：%

年份	日本	韩国	中国	年份	日本	韩国	中国
t	63.3	27.7					
t+1	64.2	28.5		t+21	76.3	58.4	31.9
t+2	65.1	29.5	17.9	t+22	76.4	60.1	33.4
t+3	66.1	30.4	19.0	t+23	76.5	61.7	34.8
t+4	67.0	31.4	19.4	t+24	76.6	63.3	36.2
t+5	67.9	32.4	20.2	t+25	76.7	64.9	37.7
t+6	68.7	33.4	21.1	t+26	76.8	66.7	39.1
t+7	69.5	35.0	21.6	t+27	77.0	68.6	40.5
t+8	70.3	36.9	23.0	t+28	77.1	70.4	41.8
t+9	71.1	38.8	23.7	t+29	77.2	72.2	43.0
t+10	71.9	40.7	24.5	t+30	77.3	73.8	44.3
t+11	72.7	42.3	25.3	t+31	77.5	75.0	45.9

续表

年份	日本	韩国	中国	年份	日本	韩国	中国
t+12	73.5	43.7	25.8	t+32	77.6	75.8	47.0
t+13	74.2	45.1	26.2	t+33	77.8	76.7	48.3
t+14	75.0	46.6	26.4	t+34	77.9	77.5	50.0
t+15	75.7	48.0	26.9	t+35	78.0	78.2	51.3
t+16	75.9	49.7	27.5	t+36	78.2	78.7	52.6
t+17	76.0	51.5	28.0	t+37	78.3	78.9	53.7
t+18	76.1	53.2	28.5	t+38	78.4	79.2	54.8
t+19	76.1	55.0	29.0	t+39	78.5	79.4	56.1
t+20	76.2	56.7	30.5	t+40	78.7	79.6	57.4

注：日本和韩国的 t 年为 1960 年，中国的 t 年为 1976 年。
资料来源：日本和韩国数据来自：国家统计局网站——国际数据；中国数据来自《中国统计年鉴（2017）》。

附表9 中日韩毛入学率比较

年份	中等教育毛入学率（%）			高等教育毛入学率（%）		
	日本	韩国	中国	日本	韩国	中国
t	86.5	39.7		17.6	7.3	
t+1	88.1	43.3		19.4	7.3	
t+2	89.9	46.6		20.8	7.4	
t+3	91.5	50.5		22.6	7.5	
t+4	92.3	54.4		24.6	7.7	
t+5	92.8	58.7	24.0	26.6	8.5	3.5
t+6	93.5	63.0	26.0	28.2	8.8	3.9
t+7	93.8	66.6	28.4	30.6	9.4	5.0
t+8	93.7	70.9	30.7	31.1	10.6	6.0
t+9	92.5	76.9	33.6	31.2	12.8	7.2
t+10	94.0	81.8	38.0	30.9	15.3	8.3
t+11	95.0	82.5	40.6	30.3	19.6	9.1
t+12	95.2	84.3	40.7	29.7	24.3	9.8
t+13	94.7	88.7	41.0	29.5	28.3	10.5

续表

年份	中等教育毛入学率（%）			高等教育毛入学率（%）		
	日本	韩国	中国	日本	韩国	中国
t+14	94.9	90.6	42.8	29.0	31.6	12.5
t+15	95.8	92.1	42.8	28.0	34.1	13.3
t+16	95.5	93.9	42.8	28.5	35.3	15.0
t+17	95.4	92.2	43.8	29.3	35.7	17.0
t+18	95.4	92.5	48.1	29.5	35.9	19.0
t+19	95.6	92.6	52.7	29.8	36.9	21.0
t+20	97.7	92.3	59.8	29.8	37.9	22.0
t+21	98.4	92.4	66.0	30.0	39.5	23.0
t+22	98.2	95.0	74.0	31.2	43.3	23.3
t+23	101.0	99.0	79.2	38.7	45.0	24.2
t+24	100.9	101.3	82.5	39.9	48.9	26.5
t+25	101.1	103.6	84.0	41.5	54.9	26.5
t+26	101.0	102.1	85.0	43.6	70.9	30.0
t+27	101.0	100.0	86.0	45.1	68.0	34.5
t+28	101.2	99.1	86.5	46.6	73.9	37.5
t+29	101.8	98.4	87.0	48.7	78.4	40.0

注：日本与韩国的 t 年为 1971 年，中国的 t 年为 1986 年。
资料来源：①日本与韩国数据来自中国统计局网站—国际数据；②中国数据来自中国教育部网站。

附表 10　农村居民的收入构成

年份	农村居民人均纯收入（元）	工资性收入比重（%）	经营性收入比重（%）	财产性收入比重（%）	转移性收入比重（%）
1985	397.6	18.2	74.4		7.4
1986	423.8	19.3	73.9		6.8
1987	462.6	20.6	74.7		4.7
1988	544.9	21.6	74.0		4.4
1989	601.5	22.7	72.3		5.1
1990	686.3	20.2	75.6		4.2

续表

年份	农村居民人均纯收入（元）	工资性收入比重（%）	经营性收入比重（%）	财产性收入比重（%）	转移性收入比重（%）
1991	708.6	21.4	73.9		4.7
1992	784.0	23.5	71.6		4.8
1993	921.6	21.1	73.6	0.8	4.5
1994	1221.0	21.5	72.2	2.3	3.9
1995	1577.7	22.4	71.4	2.6	3.6
1996	1926.1	23.4	70.7	2.2	3.6
1997	2090.1	24.6	70.5	1.1	3.8
1998	2162.0	26.5	67.8	1.4	4.3
1999	2210.3	28.5	65.5	1.4	4.5
2000	2253.4	31.2	63.3	2.0	3.5
2001	2366.4	32.6	61.7	2.0	3.7
2002	2475.6	33.9	60.0	2.0	4.0
2003	2622.2	35.0	58.8	2.5	3.7
2004	2936.4	34.0	59.5	2.6	3.9
2005	3254.9	36.1	56.7	2.7	4.5
2006	3587.0	38.3	53.8	2.8	5.0
2007	4140.4	38.6	53.0	3.1	5.4
2008	4760.6	38.9	51.2	3.1	6.8
2009	5153.2	40.0	49.0	3.2	7.7
2010	5919.0	41.1	47.9	3.4	7.7
2011	6977.3	42.5	46.2	3.3	8.1
2012	7916.6	43.5	44.6	3.1	8.7
2013	8895.9	45.3	42.6	3.3	8.8
2014	10488.9	39.6	40.4	2.1	17.9
2015	11421.7	40.3	39.4	2.2	18.1
2016	12363.4	40.6	38.3	2.2	18.8

注：1978~2013年为人均纯收入，相应的收入构成为工资性收入、家庭经营性收入、财产性收入、转移性收入；2014~2016为人均可支配收入，相应的收入构成为工资性收入、经营净收入、财产净收入、转移净收入。

资料来源：国家统计局网站。

参考文献

[1] Chenery H. Patterns of Industrial Growth [J]. The American Economic Review, 1960, 175 (50): 624-654.

[2] Chenery H., Syrquin M. Patterns of Development: 1950-1970 [M]. Oxford: Oxford University Press, 1975.

[3] Davis, Lance, North, Douglass. Institutional Change and American Economic Growth: A First Step Towards a Theory of Institutional Innovation [J]. The Journal of Economic History, 1970, 30 (1): 131-149.

[4] Dumitrescu E., Hurlin C. Testing for Granger Non-Causality in Heterogeneous Panels [J]. Economic Modelling, 2012, 29 (4): 450-1460.

[5] Fabio M. An Evolutionary Model of Industrial Growth and Structural Change [J]. Structural Change and Economic Dynamic, 2002, 78 (13): 387-414.

[6] Fan Shenggan, Zhang Xiaobo, Sherman Robinson. Structural Change and Economis Growth in China [J]. Revies of Development Economics, 2003, 7 (3): 360-377.

[7] Fei J. C. H., Ranis G. A Theory of Economic Development [J]. The American Economic Review, 1961, 51 (4): 533-565.

[8] Fei J. C. H., Ranis G., Development of the Labor Surplus Economy: Theory and Policy [J]. Richard D. Irwin, Homewood, IL, 1964.

[9] Foster J., Metcalfe J., Ramlogan R. Adaptive Economic Growth [R]. 2006.

[10] Frish Ronger. Propagation Problems and Impulse Problems in Dynamic Economics [J]. Economic Essays in Honor of Gustaw Cassel London: Allen and Uncoin, 1933: 85-155.

[11] Helpman, Elhanan. The Mystery of Economic Growth [M]. Combridge Harvard University Press, 2004.

[12] Kuznets S. Quantitative Aspects of the Economics Growth of Nations: Ⅱ Industrial Distribution of National Product and Labor Force [J]. Economic Development and Cultural Change, 1957, 4 (5): 1-111.

[13] Kuznets S. Economic Growth of Nations [M]. Boston: Belknap Press of Harvard University Press, 1971.

[14] Kuznets S. Modern Economic Growth: Findings and Reflections [J]. The American Economic Review, 1973, 69 (12): 247-258.

[15] Kuznets S. Economic Growth and Income Inequality [J]. The American Economic Review, 1955, 45 (1): 1-28.

[16] Lewis W. A. Economic Development with Unlimited Supply of Labor [D]. The Manchester School of Economic and Social Studies, 1954.

[17] Lin Y., Wang G., Zhao Y. Regional Inequality and Labor Transfers in China [J]. Economic Development and Cultural Change, 2004, 52 (3): 587-603.

[18] Lucas Robert E. Understanding Business Cycles [A] //Stabilization of the Domestic and International Economy. Carnegie Rochester Conference Series on Public Policy [D]. Amsterdam, North-Holland, 1977.

[19] Lucas Robert E. On the Mechanics of Economic Development [J]. Journal of Monetary Economics, 1988, 22 (July): 3-42.

[20] Lucas R., Stark O. Motivations to Remit: Evidence from Botswana

[J]. Journal of Political Economy，1985，93（9）：901-918.

[21] Romer，Paul M. Endogenous Technological Change [J]. Journal of Political Economy，1990，98：S71-S102.

[22] Slutzky Eugen. The Summation of Random Causes as the Source of Cyclic Processes [J]. Econometrica，1937，5（2）：46-105.

[23] Solow，Robert M. A Contribution to the Theory of Economic Growth [J]. Quarterly Journal of Economics，1956，70：65-94.

[24] 白津夫. 转变与调整——从经济发展的角度认识"十一五"[J]. 今日浙江，2005（22）.

[25] 蔡昉，王美艳. 为什么劳动力流动没有缩小城乡收入差距[J]. 经济学动态，2009（8）.

[26] 蔡昉. 农村剩余劳动力流动的制度性障碍分析——解释流动与差距同时扩大的悖论[J]. 经济学动态，2005（1）.

[27] 曹新. 产业结构与经济增长[J]. 经济学家，1996（6）.

[28] 曾国安. 论工业化过程中导致城乡居民收入差距扩大的自然因素与制度因素[J]. 经济评论，2007（3）.

[29] 陈佳贵，黄群慧，钟宏武，王延中等. 中国工业化进程报告[M]. 北京：中国社会科学出版社，2007.

[30] 程莉. 产业结构的合理化、高级化会否缩小城乡收入差距——基于1985~2011年中国省级面板数据的经验分析[J]. 现代财经（天津财经大学学报），2014（11）.

[31] 单良，张涛. 中国产业结构与就业结构协调性时空演变研究[J]. 中国人口科学，2018（2）.

[32] [美]德怀特·珀金斯. 经济快速增长与经济结构调整：支出法的衡量及其含义[J]. 丁振辉译. 国外理论动态，2013（10）.

[33] 丁元，周树高，贾功祥. 我国就业的产业结构与居民收入分配关系研究[J]. 统计与决策，2014（4）.

[34] 董建平. 以结构调整促经济增长方式转变 [J]. 浙江经济, 2004 (18).

[35] 都阳, 朴之水. 迁移与减贫——来自农户调查的经验证据 [J]. 中国人口科学, 2003 (4).

[36] 豆建民, 季永宝. 要素市场扭曲对经济增长方式转变的影响特征研究 [J]. 亚太经济, 2018 (1).

[37] 段龙龙, 汪丹. 就业结构优化、经济收敛与收入分配差距——来自中国三大区域省际面板数据的证据 [J]. 商业研究, 2013 (11).

[38] 樊纲, 王小鲁. 中国收入差距的走势和影响因素分析 [J]. 经济研究, 2005 (10).

[39] 樊长在. 国内生产总值构成与经济结构调整 [J]. 宏观经济管理, 2011 (2).

[40] 方福前. 经济结构调整的双重路径：市场化与政府转型 [J]. 学习与探索, 2011 (1).

[41] 葛蕾, 陶小马, 汪宏. 地方财政金融、城市化与城乡收入差距实证 [J]. 中国人口·资源与环境, 2015 (9).

[42] 龚新蜀, 王曼, 潘明明. 产业结构升级缩小了城乡收入差距吗？——人力资本的门槛效应分析 [J]. 商业研究, 2017 (10).

[43] 顾无媛, 沈坤荣. 结构性减速下的中国经济增长方式转变 [J]. 现代经济探讨, 2014 (12).

[44] 国务院发展研究中心. 我国产业结构升级面临的风险和对策 [J]. 经济研究参考, 2010 (13).

[45] 韩文秀. 中国经济结构调整的现状和展望 [J]. 中国发展观察, 2012 (4).

[46] 胡晓鹏. 中国经济增长与产业结构变动的联动效应探析 [J]. 产业经济研究, 2003 (6).

[47] 胡玉琴, 胡玉萍, 薛留根. 产业结构与就业结构协调系数测度方

法的改进[J].统计与决策,2017(9).

[48] 简新华.中国经济结构调整和发展方式转变[M].济南:山东人民出版社,2009.

[49] 蒋荷新.上海市私营和个体经济就业弹性分析[J].中国集体经济,2007(5).

[50] 靳卫东.人力资本与产业结构转化的动态匹配效应——就业、增长和收入分配问题评述[J].经济评论,2010(6).

[51] 景建军.中国产业结构与就业结构的协调性研究[J].经济问题,2016(1).

[52] 李亮.产业结构,二元经济结构变迁对城乡收入差距的影响研究[J].统计与决策,2014(18).

[53] 李实,史泰丽,别雍·古斯塔夫森.中国居民收入分配研究Ⅲ[M].北京:北京师范大学出版社,2008.

[54] 李实.中国个人收入分配研究回顾与展望[J].经济学(季刊),2003(2).

[55] 李实.中国经济转轨中劳动力流动模型[J].经济研究,1997(1).

[56] 李实.中国农村劳动力流动与收入增长和分配[J].中国社会科学,1999(2).

[57] 李翔,邓峰.区域创新、产业结构优化与经济增长方式转变[J].科技管理研究,2017(17).

[58] 李烨,毛宇飞.劳动力转移、产业结构与城乡收入差距内在作用机制研究[J].青海社会科学,2017(4).

[59] 李政,杨思莹.创新强度、产业结构升级与城乡收入差距——基于2007~2013年省级面板数据的空间杜宾模型分析[J].社会科学研究,2016(2).

[60] 梁昭.经济结构调整对中国国民经济增长的影响分析[J].北京工商大学学报(社会科学版),2010(5).

[61] 林民书, 徐向阳. 中国经济增长方式转变研究 [J]. 河南社会科学, 2009 (5).

[62] 林毅夫, 刘培林. 中国的经济发展战略与地区收入差距 [J]. 经济研究, 2003 (3).

[63] 刘丹, 张兵, 徐孝昶. 我国产业结构与就业结构的协调度及对策研究 [J]. 西北人口, 2012 (5).

[64] 刘慧, 伏开宝, 李勇刚. 产业结构升级、劳动力流动与城乡收入差距——基于中国 30 个省级面板数据实证分析 [J]. 经济经纬, 2017 (5).

[65] 刘晋祎. 我国产业结构与就业结构的关系探析 [J]. 贵州社会科学, 2013 (5).

[66] 刘莉君. 城乡收入差距、农村劳动力转移就业与消费 [J]. 湖南科技大学学报（社会科学版）, 2016 (1).

[67] 刘伟, 蔡志洲. 适度经济增长与经济结构调整 [J]. 内蒙古社会科学（汉文版）, 2014 (4).

[68] 刘伟. 产业结构与经济增长 [J]. 中国工业经济, 2005 (5).

[69] 刘颖. 私营企业拉动就业的走势特征分析 [J]. 河北经贸大学学报, 2005 (2).

[70] 卢冲, 刘媛, 江培元. 产业结构、农村居民收入结构与城乡收入差距 [J]. 中国人口·资源与环境, 2014 (3).

[71] 卢华, 朱文君. 城乡收入差距的演变趋势、结构因素及应对策略 [J]. 宏观经济研究, 2015 (8).

[72] 陆凯旋. 改革开放初期中国三产产业结构的变动研究 [J]. 中国经济史研究, 2005 (2).

[73] 罗知. 贸易自由化对就业的影响——来自第三产业和个体私营企业的数据 [J]. 经济评论, 2011 (5).

[74] 马晓河. 从两对变量变化看中国经济结构调整的难度 [J]. 中国发展观察, 2013 (5).

[75] 莫山农. 关于我国经济增长方式转变的理性思考 [J]. 湖南师范大学社会科学学报, 2010 (2).

[76] 彭定贇, 陈志平. 劳动力流动对我国城乡收入差距影响分析 [J]. 武汉理工大学学报, 2009 (19).

[77] 彭定贇, 张飞鹏. 城镇化、产业结构及城乡收入差距关系研究 [J]. 工业技术经济, 2017 (10).

[78] 彭宜钟, 童健, 吴敏. 究竟是什么推动了我国经济增长方式转变 [J]. 数量经济技术经济研究, 2014 (6).

[79] 蒲艳萍, 吴杰. 转型期中国就业重构与城乡居民收入分配——基于省际面板数据的实证分析 [J]. 经济经纬, 2012 (2).

[80] 申俊玲. 城市化、产业结构高速与城乡收入差距的实证检验 [J]. 统计与决策, 2014 (12).

[81] 沈坤荣, 付文林, 李子联. 中国经济增长的动力机制与发展方式 [J]. 江苏行政学院学报, 2011 (1).

[82] 史晋川. 经济结构调整与发展方式转变 [M]. 北京: 经济科学出版社, 2012.

[83] 唐未兵, 傅元海, 王展祥. 技术创新、技术引进与经济增长方式转变 [J]. 经济研究, 2014 (7).

[84] 唐文强, 严明义. 经济结构调整与经济增长：基于多维结构约束效应的视角 [J]. 经济问题探索, 2014 (3).

[85] 田大洲. 我国个体经济的就业研究 [J]. 人口与经济, 2010 (1).

[86] 汪燕敏, 柯健. 我国个体经济就业潜力研究——以城镇地区为例 [J]. 统计教育, 2007 (2).

[87] 王鸿春, [日] 坂本晃. 日本缩小城乡差距政策之考察 [N]. 北京日报, 2011-10-17 (18).

[88] 王欢欢. 浅谈规范我国私营经济的收入分配 [J]. 全国商情：经济理论研究, 2016 (3).

[89] 王江. 科技进步环境、高新技术产业化、科技金融效益与经济增长方式转变 [J]. 科技管理研究, 2015 (14).

[90] 王君. 工业化、信息化与经济增长方式转变 [J]. 宏观经济管理, 2013 (3).

[91] 王小鲁, 樊纲. 中国收入差距的走势和影响因素分析 [J]. 经济研究, 2005 (10).

[92] 王亚飞, 黄勇, 唐爽. 城镇化、产业结构与城乡收入差距 [J]. 现代管理科学, 2014 (9).

[93] 王亚飞, 杨寒冰, 唐爽. 城镇化、产业结构调整对城乡收入差距的作用机理及动态分析 [J]. 当代经济管理, 2015 (3).

[94] 王莹. 农村劳动力转移对中国城乡收入差距的影响：基于 CGE 模型的分析 [J]. 金融评论, 2015 (5).

[95] 王云芳. 城市化、产业结构调整和城乡收入差距——以陕西为例 [J]. 西安电子科技大学学报 (社会科学版), 2015 (4).

[96] 王志伟. 对我国经济结构调整问题的思考 [J]. 中国流通经济, 2010 (3).

[97] 卫兴华, 孙咏梅. 对我国经济增长方式转变的新思考 [J]. 经济纵横, 2007 (3).

[98] 魏杰. 对当前我国经济结构调整的一些思考 [J]. 郑州大学学报 (哲学社会科学版), 2011 (1).

[99] 先礼琼. 微利时代个体经济可持续发展探讨：就业、税收与 GDP——以江苏省常州市为例 [J]. 商业经济, 2014 (1).

[100] 谢长安, 刘晔. 马克思主义经济学视域下经济结构内涵探析——兼论中国经济结构调整方向 [J]. 管理学刊, 2017 (5).

[101] 徐春华, 刘力. 省域市场潜力、产业结构升级与城乡收入差距 [J]. 农业技术经济, 2015 (5).

[102] 徐顽强, 薛亦丹, 张红方. 我国产业结构与就业结构协同推进

研究 [J]. 武汉理工大学学报（社会科学版），2016（5）.

[103] 许晓红. 加速发展个体，私营经济——缓解就业压力的突破口 [J]. 市场与人口分析，2003（2）.

[104] 薛白. 基于产业结构优化的经济增长方式转变、作用机理及其测度 [J]. 管理科学，2009（5）.

[105] 杨建军，李勇辉. 劳动力流动、流动方向和城乡收入差距 [J]. 湘潭大学学报（哲学社会科学版），2016（6）.

[106] 杨圣明. 世界经济结构调整和优化问题研究 [J]. 经济纵横，2011（11）.

[107] 杨渝红，欧名豪. 土地经营规模、农村剩余劳动力转移与农民收入关系研究——基于省际面板数据的检验 [J]. 资源科学，2009（2）.

[108] 姚枝仲，周素芳. 劳动力流动与地区差距 [J]. 世界经济，2003（4）.

[109] 姚志，谢云. 城乡收入差距与城镇化"倒U型"关系实证研究 [J]. 统计与决策，2017（9）.

[110] 鄞晓光，陈威燕. 辽宁省私营、个体工业就业潜力分析 [J]. 中国统计，2002（12）.

[111] 于晗. 产业结构与就业结构演进趋势及预测 [J]. 财经问题研究，2015（6）.

[112] 袁金旺，刘晓燕，薛伟娟. 韩国缩小城乡差距经验对青岛市的启示 [J]. 安徽农业科学，2015（7）.

[113] 袁金旺，董雪. 韩国和日本缩小城乡居民收入差距的经验及启示 [J]. 玉溪师范学院学报，2010（12）.

[114] 袁文榜. 通过结构战略性调整实现增长方式的转变 [J]. 科技创业月刊，2006（12）.

[115] 张建波. 关于普惠金融对城乡收入差距影响的门槛效应研究 [J]. 甘肃社会科学，2018（1）.

[116] 张美玲, 赵旭强, 潘晔. 产业结构与就业结构协调发展研究 [J]. 经济问题, 2015 (3).

[117] 张平. 收入分配差距拉大的趋势不会被扭转 [J]. 中国改革, 2001 (6).

[118] 张庆, 管晓明. 单纯依靠农村剩余劳动力转移并不能缩小城乡收入差距 [J]. 经济纵横, 2006 (3).

[119] 张菀洺. 中国经济结构调整与发展方式转变的制约因素与战略选择 [J]. 广东社会科学, 2011 (4).

[120] 张屹山, 陈超. 基于产业结构模型的中国经济结构调整路径测算与增长动力分析 [J]. 山东大学学报 (哲学社会科学版), 2017 (4).

[121] 张颖, 朱绍勇. 江西私营企业就业吸纳效应研究 [J]. 江西社会科学, 2012 (6).

[122] 张志新, 杨琬琨, 何双良. 农村劳动力流动对城乡收入差距的影响——基于山东省 17 地市的面板数据分析 [J]. 华东经济管理, 2018 (5).

[123] 章玲超, 李爱喜, 张妍婕. 浙江省农村金融发展对农民收入增长的影响——基于 VAR 模型系统分析 [J]. 河南金融管理干部学院学报, 2008 (3).

[124] 赵杨, 刘延平. 我国产业结构与就业结构的关联性分析 [J]. 经济学动态, 2010 (12).

[125] 赵云旗. 促进经济增长方式转变的路径探讨 [J]. 财政研究, 2007 (10).

[126] 郑万吉, 叶阿忠. 城乡收入差距、产业结构升级与经济增长——基于半参数空间面板 VAR 模型的研究 [J]. 经济学家, 2015 (10).

[127] 中国社会科学院财经战略研究院课题组. 经济结构调整方式市场化转型比较研究 [J]. 财贸经济, 2013 (8).

[128] 朱红恒. 私营及个体经济发展、农村劳动力转移与城乡收入差距研究 [J]. 经济经纬, 2017 (6).

［129］朱红恒.中国农村居民消费不足的制度性原因及宏观后果研究［M］.北京：中国社会科学出版社，2011.

［130］朱文涛，刘秀玲.人口城镇化、就业非农化与城乡收入差距的动态关系分析［J］.统计与决策，2016（12）.

［131］朱云章.城乡劳动力流动对收入差距变化的影响——机理分析与实证检验［J］.华东经济管理，2010（11）.